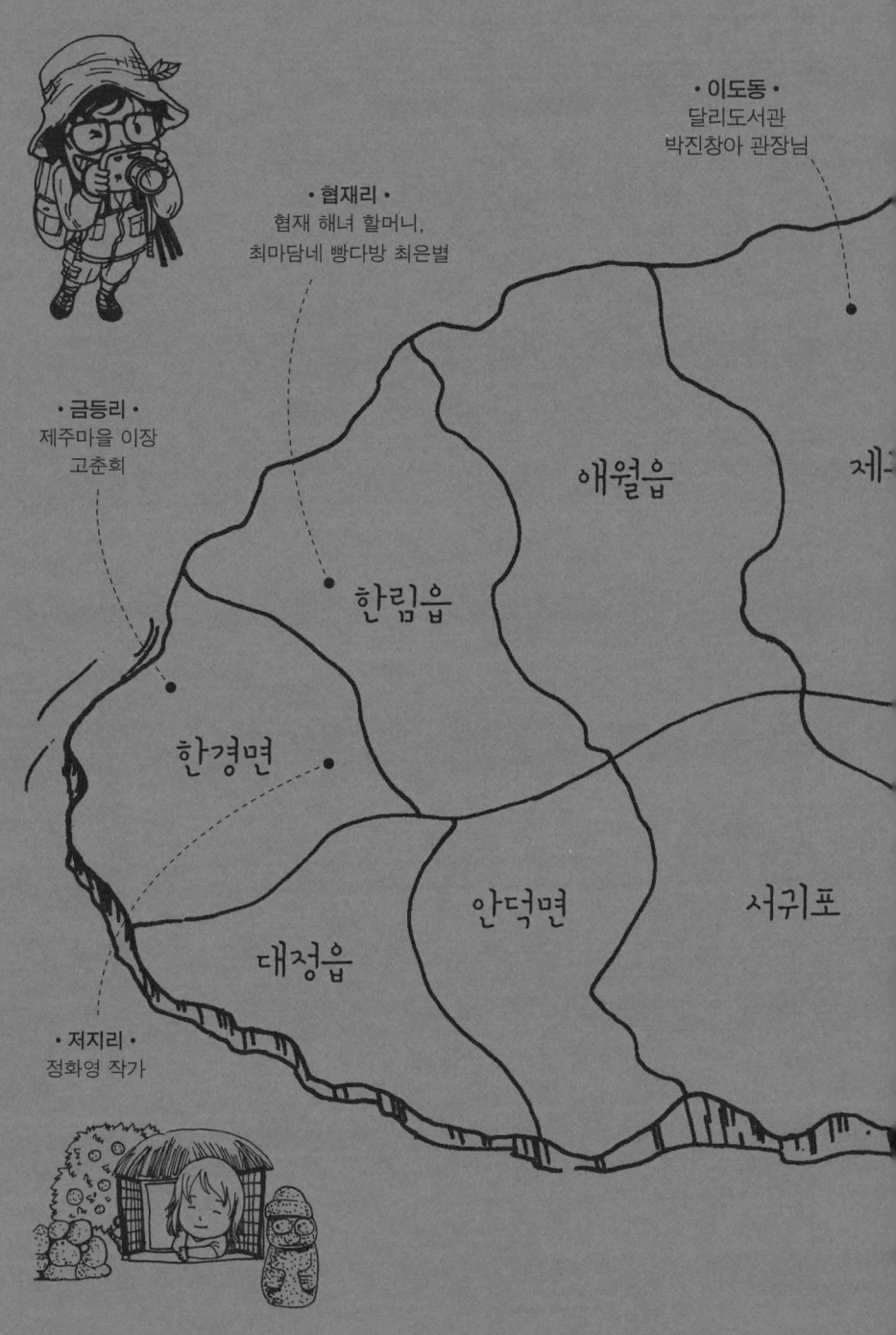

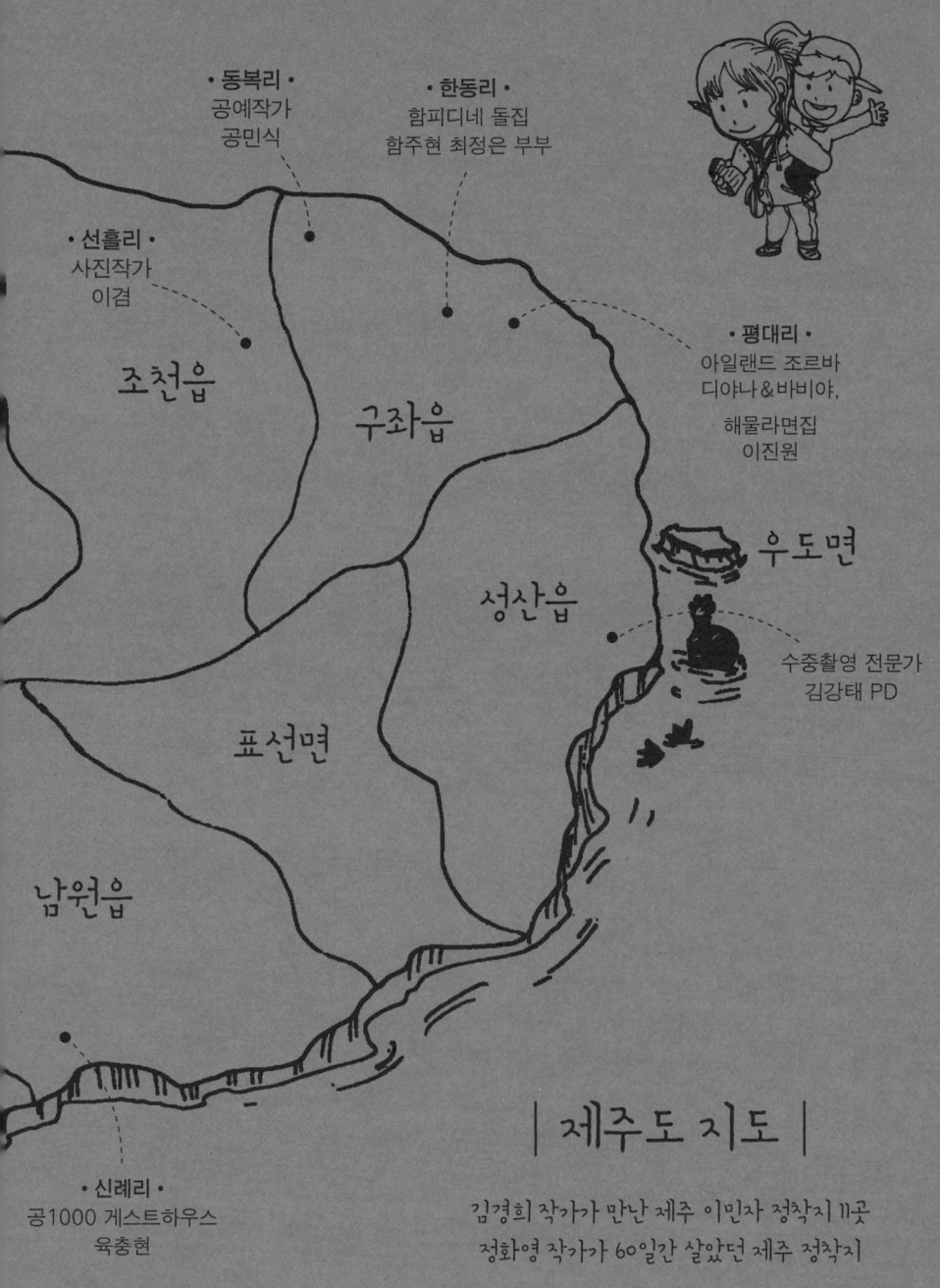

제주에 살어리랏다

소심한 도시인들의 놀멍 살멍 제주 이민 관찰기

소심한 도시인들의
놀멍 살멍 제주 이민 관찰기

제주에 살어리랏다

1판 1쇄 펴낸날 2012년 7월 9일
1판 4쇄 펴낸날 2014년 9월 15일

글 김경희 정화영
사진 김병수
일러스트 강승희
펴낸이 정종호
펴낸곳 (주)청어람미디어

책임편집 정미진
편집 윤정원 김희정 오현미
마케팅 김상기
제작 · 관리 정수진
인쇄 · 제본 한영문화사

등록 1998년 12월 8일 제22-1469호
주소 121-914 서울시 마포구 상암동 DMC이안상암1단지 402호
전화 02)3143-4006~8
팩스 02)3143-4003
이메일 chungaram@naver.com

ISBN 978-89-97162-26-0 13040
잘못된 책은 구입하신 서점에서 바꾸어 드립니다. 값은 뒤표지에 있습니다.

이 도서의 국립중앙도서관 출판시도서목록(CIP)은 e-CIP 홈페이지(http://www.nl.go.kr/ecip)와
국가자료공동목록시스템(http://www.nl.go.kr/kolisnet)에서 이용하실 수 있습니다.
(CIP제어번호: CIP 2012002991)

제주에 살어리랏다

소심한 도시인들의 놀멍 살멍 제주 이민 관찰기

글 김경희, 정효영
사진 김병수

청어람미디어

Prologue

무엇이든 명확히 해둘 필요가 있다.
구체적으로 언제 떠나서 머무는 동안 무엇을 할 것인가?
겨울이 채 자리를 내어주지 않고 버티던 이른 봄,
정 작가와 나는 제주행 답사 일정을 잡았다.
서둘러 저가 항공 티켓을 예약하면서
나는 오랜만에 생(生)에 대한 싱싱함을 느꼈다.
방송작가인 두 여자의 제주도 표류기는 그렇게 시작된 이야기다.

지금으로부터 정확히 20년 전, 아마도 나는 17살이었던 것 같다. 무료하고 심심해 하릴 없이 텔레비전을 보던 내가 채널을 고정시킨 것은 한 순간이었다. 잠녀, 그러니까 사람들이 흔히 해녀라 부르는 여인네가 잔잔한 내 가슴에 파문을 일으켰다.

오호라! 손바닥만 한 팬티 한 장 걸치고 서슬 퍼런 바다에 뛰어드는 여자라니!

내가 보기에 그녀는 반나체였다. 검푸른 바다에 울려 퍼지는 해녀들의 숨소리는 제작진이 낸 효과였을까? 바다 속 해녀들이 죄다 사라지고 텔레비전 화면이 감귤 농장으로 바뀔 때까지 나는 돌처럼 굳어져 숨을 멈추었다.

가고 싶다 저기.

막연히 가고 싶었다. 그곳이 어디인지 얼마나 먼 곳인지 아무런 정보도 없었다. 아무려나 해녀라 불리는 여자들이 사는 섬, 제주는 내게 그렇게 다가왔다.

그리고 꼬박 20년이 흘렀다. 서울 변두리에서 태어나 콘크리트만 보고 자라온 내게 당시 제주가 전해준 이미지는 생(生)의 싱싱함 그 자체였다. 물론 그 사이 몇 번 그곳에 다녀올 기회가 있었다. 그런데도 별다른 감흥이 느껴지지 않았다. 문제는 삶에 대한 싱싱한 호기심을 잃은 나에게 있었던 게 아닐까. 10년 간 방송작가 생활을 했고 남자 아이를 한 명 낳아서 기르는 동안 내 삶은 고전을 면치 못했다. 말하자면, 내 삶의 모양새는 대충 뭉쳐놓은 주먹밥 같은 것이었다. 식거나 남은 것들을 그러모아 두루뭉술하게 뭉쳐 이 맛도 저 맛도 아닌 것이 내 인생의 맛이었다. 엄마나 여자, 혹은 직업인으로서도 뭐 하나 제대로 하는 것 없이 삶은 우거지처럼 지쳐갈 무렵 나는 운명처럼 다시 '제주'를 만났다.

마실 나간 동네 카페에서 정 작가를 만난 그날은 금요일 오후였다. 뜨거운 아메리카노 한 잔을 손에 쥐고, 무심히 창밖을 구경하던 내게 정 작가가 한마디 던졌다.

- 제주도에나 내려 갈까봐.
- 응? 뭐라고?
- 다 그만두고 제주도에 가서 살아보겠다고.
- 바다 건너 그 먼 데까지 가서 살겠다고?
- 이 도시에서 최대한 멀리 숨어들 곳은 제주밖에 없는 것 같아.
- 음, 자발적 유배라도 가겠다는 거군.
- 욕심 부리지 않고 느리게 살아보고 싶어.

며칠이 흘렀다. 무척이나 싱거운 하루하루가 이어졌다. 아이가 다니는 학교 엄마들과 모닝커피를 마시며 쓸데없이 많이 떠들고 실없이 웃었다. 서점에 들러 읽지도 않을 책을 한 아름 샀고, 여의도로 가는 버스를 타기 위해 무심코 정류장으로 향했다. 나는 와이파이가 뜨는 지점에서 버스 도착 시간을 검색하려다가 문득 이런 생각에 사로잡혔다.

언제 오는지 알고 가는 건 기다림조차 허용하지 않는 게 아닐까.

그때 제주 생각이 번뜩 났다. 정 작가의 제주행에 코웃음을 치던 내가 오히려 그곳을 떠올리고 있었다.
지독한 열병이 곧 시작되었다. 한 술 더 떠, 밤에는 갈기를 휘날리는 백마를 타고 제주 바다를 내달리는 꿈마저 꾸었다. 누군가는 내게 태몽이 아니냐며 우스갯소리를 했다. 날이 밝자마자 퀭한 눈으로 정 작가에게 전화를 걸었다.

- 나도 갈래, 제주도.
- 자발적 유배에 동참하겠다는 거야? 여덟 살짜리 아들은 어떡하려고?
- 딸린 혹은 데려가야지. 요즘에는 체험학습이란 좋은 시스템이 있거든.
- 가련하다. 기어이 가고 말겠다는 거구나. 그래, 눈 한 번 찔끔 감고 한 달이라도 가서 살아보자.
- 책으로 써보는 건 어때? 도시인들이 궁금해하는 제주 이민의 속살을 낱낱이 체험하고 글로 쓰는 거지.
- 도시에서 상상했던 제주와 실제로 살아보는 제주를 기록해보자는 거구나.
- 나도 제주에 산다…… 제주에 살어리랏다?
- 오호라! 제주에 살어리랏다, 그게 좋겠어!

앞서 말한 대로 그녀와 나는 프리랜서 방송작가다. 말하기 좋아 프리랜서지, 농담 반 진담 반으로 파리 목숨보다 못한 처지라고들 한다. 그러나 마음먹은 일은 단숨에 실현가능한 일로 만드는 뚝심 하나는 알아줄 만하다. 방송작가란 그런 것이다. 글을 쓰는 시간보다 섭외 전화하는 시간이 많아 고막이 먹먹한 사람들이다.

어릴 때부터 방송작가가 꿈이었다는 정 작가는 14년, 막연히 글을 쓰며 사는 것이 꿈이었던 나는 10년간 방송하며 보낸 세월이 그다지 낭만적이지 않았다. 물론 방송계는 매력적인 곳이다. 어느 일터나 마찬가지겠으나, 방송가 주변은 세상살이의 모든 속성이 극명하게 드러나는 세계이기 때문이다. 구석구석 흥미로웠지만 우리는 딱 그만큼 지쳐있었다. 꿋꿋이 버티면서도 허망함이 남았다. 그건 방송작가뿐 아니라 도시인이라면 누구든 마찬가지가 아닐까?
막연히 제주행을 결정하고 책을 내는 것에 동의했지만, 나는 왜 그런지 망설이고 있었다. 좀 더 구체적인 명분과 역할이 주어진다면 좋겠다는 생각을 할 무렵, 제주 이민자들을 다룬 방송 다큐멘터리를 준비하고 있다는 담당 피디의 연락을 받았다. 시작이 나쁘지 않았다. 이번 여행이야말로 주먹밥처럼 대충 뭉쳐진 내 인생에 적당한 간을 해줄지도 모른다는 기대마저 들었다. 그때 정 작가에게서 문자 한 통이 날아왔다. 세상에나. 그녀는 벌써 비행기 예약까지 마친 상태였다.

○월 ○일 김포→제주
AM 11시 15분 비행기 / 예약 확인

우리가 사는 이 도시에서 가장 먼 섬이라는 사실 외에 나는 제주에 대해 알고 있는 것이 아무것도 없다. 바다를 건넌다는 것, 해녀가 살고 있다는 것, 그리고 낯선 섬이 간직하고 있는 은밀한 사연과 거기서 살아가는 사람들의 삶을 맛볼 수 있다는 것은 상상만으로도 즐거운 일이었다.
일상을 떠나 다른 풍경, 상이한 가치관을 가진 사람들과 그들이 가진 문화를 접하는 시간들은 틀에 갇힌 삶을 환기시켜준다. 미지의 장소에 홀몸(딸린 혹이 있긴 하지만)으로 던져질 생각을 하니 긴장과 두려움, 설레는 마음도 들었다.

자, 이제 자발적 유배지로 떠나볼거나?

제주의 거친 바람과 하루에도 몇 번 씩 바뀌는 불안정한 하늘빛이 내게 무엇을 가져다줄지는 모른다. 편리한 생활에 익숙한 나는 어쩌면 외로움과 향수를 못 이겨 그토록 지겨워했던 도시를 그리워할지도 모른다. 아무려나 가보지 않고는 모를 일이다. '육지 것'들은 알 수 없는 낯설고 신비로운 매력으로 가득한 섬, 연세 250만 원 정도면 풀옵션이 갖춰진 단독주택을 빌릴 수 있다는 것은 사실일까? 어쩌면 이 모든 것이 속임수일지 모른다. 그럼에도 이 혼란스러움이 좋다. 답을 알고 가면 재미가 없다. 삶에 대한 싱싱한 호기심을 잃은 나 같은 이들에게 딱 좋은 조건이다. 현기증을 일으킬 만큼 기분 좋은 혼란, 드디어 그 섬으로 간다.

제주를 만나기 전,
지은이 김경희

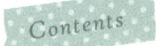

Prologue ○ 4

제1장
이제 사는 건가 싶을 때
제주를 만났다

/ 김경희 작가의
  제주 이민자 11인 어쿠스틱 관찰기

1 제주 이민 초보라면, 그녀를 찾을 것! | 달리도서관 박진창아 관장 ○ 16
   ✚ 제주 이민을 결심할 때 고려해야 할 3가지

2 제주 게스트 하우스, 그 흔하지만 어려운… | 함피디네 돌집 함주현 최정은 부부 ○ 30
   ✚ 제주도의 교육환경이 궁금하다고?

3 제주에서 카페나 할까? | 카페 최마담네 빵다방 최은별 ○ 46
   ✚ 최마담네 빵다방의 탄생과정이 궁금하다고?

4 어디에서 살지? 월세도 아니고 연세는 뭐야? | 사진작가 이겸 ○ 62
   ✚ 제주도에서 집 구하는 현실적인 방법들

5 제주의 시간은 어떻게 흐를까? | 카페 아일랜드 조르바 디야나&바비야 ○ 78
   ✚ 제주도에서 기다림과 외로움과 친구 되는 법

6 도시의 그녀, 어떻게 제주마을 이장이 됐을까? | 금등리 이장 고춘희 ○ 92
   + 제주 인맥, 연애하듯 기브앤테이크(Give & Take)하라!

7 제주 재이민, 감귤농사에서 해물라면으로 재도전하다 | 해물라면집 이진원 ○ 104
   + 제주도에서 농사짓기 VS 장사하기

8 제주에서 해녀를 만난 적이 있나요? | 협재 해녀 할머니 ○ 116
   + 바다의 어멍, 제주 해녀의 숨비 소리를 들어라!

9 장애인에게 제주 이민이란? 조금 불편해도 괜찮아! | 공예작가 공민식 ○ 128
   + 장애인이 꿈꾸는 공동체 마을을 위하여!

10 푸른 제주 바다 속으로 풍덩? 아니 찰칵! | 수중 영상촬영 전문가 김강태 ○ 144
   + 제주 바다올레길에 가볼까?

11 여행하듯 지금은 제주에 살 뿐! | 공1000 게스트 하우스 육충현 ○ 158
   + 삶과 예술과 여행이 공존하는 방법

제2장
우리 제주에서 살아볼까?

/ 정화영 작가의
  제주에서 60일 살기

1 어제의 나보다 느리게 ○ 172

2 제주 크루즈에 오신 것을 환영합니다 ○ 178
   + 제주도에 배 타고 느리게 가는 법

3 택시운전사님, 집 좀 구해주세요! ○ 188
   + 제주에서 알뜰하게 집 구하는 방법

4 아주 사소한 것까지도 감사해 ○ 198
   + 제주 살림과 이사

5 젊은 사람이 뭐 하러 왔대? ○ 206
   + '육지 것들'과 '괸당'

6 제주의 대자연에 무릎을 꿇다 ○ 212
   + 제주 마실의 매력, 오름

7 상추를 사겠다고? 심어 먹어! ○ 224
   + 텃밭에서 얻은 스페셜 푸드 '금귤잼'

8 이게 참옥돔이야, 먹어봐! ○ 234
   + 제주 오일장

9 달밤에 괸당과 배드민턴치기? ○ 244
  ✚ 육지 것들이 괸당과 친해질 때 알아야 할 것들

10 괸당이 가장 많이 모이는 곳은? ○ 252
  ✚ 제주 주민이라서 알게 된 곳, 전쟁역사 평화 박물관

11 당신도 육지에서 왔소? ○ 262
  ✚ 제주 생활의 극과 극을 알려주마!

12 내가 만든 동네 산책길을 따라서 ○ 280
  ✚ 제주도 교통수단

13 제주에서 아예 살 거예요? ○ 292
  ✚ 농가주택을 구입할 때 이것만은 놓치지 말자!

Epilogue ○ 300
부록 체크리스트 / 그대, 정말 제주 이민을 꿈꾸는가? ○ 302

제1장

이게 사는 건가 싶을 때
제주를 만났다

/ 김경희 작가의
  제주 이민자 11인 어쿠스틱 관찰기

Story 01

제주 이민 초보라면, 그녀를 찾을 것!

달리도서관 박진창아 관장

뉘신지?	박진창아(여, 45)
어디 살아요?	제주시 이도동
언제 왔어요?	제주 이민 3년 차
뭐해 먹고 살죠?	달리도서관 관장
얼마 들었죠?	2천만 원 미만(달리도서관 건물 3년 무상임대)
전에 뭐했어요?	(사)여성문화예술 기획 사무처장 88사이즈 여성을 모델로 세운 빅 우먼 패션쇼(몸의 통이 아닌, 마음의 통이 큰 여자를 의미), 장애인문화나눔축제, 여악여락콘서트 등 문화축제 콘서트 기획자
요즘 뭐해요?	새로운 제주 지역문화 이야기를 만들어가는 중. 여자 나이 마흔 즈음이면 악기 하나쯤 다룰 줄 알아야 한다고 생각해서 한창 우쿨렐레 배우고 있음.

제주에 대체 왜 가려는 거지? 몇몇 사람들이 내게 물었다.
나는 대답했다. 사람을 만나러 가요.
사람은 도시에 더 많지 않나?
그들은 이해할 수 없다는 듯 내게 되물었다.
딱히 할 말을 찾지 못하던 나는 말꼬리를 빙빙 돌리다가
결국 이렇게 답했다.
음…… 나랑 색깔이 비슷한 사람을 만나려고요.

사람이 무슨 색깔이 있어? 누군가는 고개를 갸웃하며 자리를 떴다. 또 다른 이는 싱겁다는 듯이 멋쩍게 웃었다. 그냥 해본 말인데 그 순간 진짜로 궁금해졌다. 정말 나와 비슷한 색을 가진 사람들이 있을까? 나는 여행 짐을 꾸리다 말고 인터넷에서 제주 이민자에 관한 기사를 뒤졌다. 결론부터 말하자면 나와 비슷한 색인지는 알 수 없으나 자기만의 색을 가진 사람들인 것은 분명해 보였다. 검고 구멍이 숭숭 뚫린 제주 돌담을 닮은 사람, 선명한 주홍색을 띤 한라봉처럼 싱싱한 에너지가 느껴지는 사람, 하루에도 몇 번씩 바뀌는 제주 물빛처럼 지루하지 않은 사람까지…… 어림짐작해도 비슷한 색을 가진 사람은 없어 보였다.
어쩌면 나랑 비슷한 사람을 만나고 싶다는 건 진실이 아닐지도 모른다. 그저 나와 다른 색을 지닌 그들의 삶을 통해 잠시나마 자유로워지

고 싶었던 것 같다.

다 아는 얘기지만, 여행의 핵심은 출발 전에 있다. 일정을 짜고 어디에 숙소를 정하고 무엇을 먹으며 시간을 보낼 것인가? 바다가 보이는 전망 좋은 펜션에서 제주 이민자들과 밤새 이야기 나눌 상상을 하자 가슴이 심하게 요동치기도 했다. 신혼여행도 아니면서 게다가 8살짜리 말썽꾸러기 남자아이를 달고 가는 상황에 나는 2등짜리 복권이라도 당첨된 사람마냥 우왕좌왕했다. 하지만 한 가지를 간과하고 말았다. 비행기가 제주 공항에 착륙한 순간부터 삶은 그대로 이어진다는 것을.

- 이상기류로 인해 기체가 심하게 흔들리고 있습니다.

강한 바람과 돌풍 탓에 기내 방송은 그 후에도 몇 번씩 이어졌다. 이런 궂은 날씨에 제주행을 감행한 것은 취소가 불가능한 저가항공을 예약했기 때문이다. 번복할 재간이 없다면 감행하거나 물러서거나 양자 간에 선택을 해야 한다. 당연히 나의 선택은 전자였다.

저가 항공은 지금껏 타던 비행기와는 조금 달랐다. 마치 '쫄 테면 쫄아봐라' 하는 식의 분위기라고나 할까? 그런데 과장된 친절이 없는 이 비행기가 내심 맘에 들었다.

저비용 항공사(LCC, Low-Cost Carrier)는 요즘 세계적인 추세다. 일반적인 항공편에 비해 자리가 좁고 불편한 면도 있지만, 무엇보다 가격이 저렴해 고맙다. 내가 알기로, 한국은 빠른 속도로 LCC 시장이 발달하고

있다. 대한항공 계열의 '진에어'나 군산에 거점을 둔 '이스타항공', 예전에 한성항공으로 불린 '티웨이'까지. 이름도 헷갈릴 만큼 많이 생겼다. 저가항공은 한정된 예산에서 아이디어를 내기 때문에, 각 회사마다 개성이 분명하다. 승무원들의 복장까지도 꽤 참신하다. 그러니 소심한 도시인이라도 그 놈의 소심함을 조금만 버린다면, 저가항공은 분명 매력 있는 이동수단이 될 것이다.

눈 딱 감고 50여 분을 날아 제주 공항에 도착했다. 게이트를 빠져 나오는데 커다란 야자수 잎이 먼저 눈에 들어왔다. 바람에 몹시 흔들리고 있었지만, 어쩐지 도도해 보였다. 그것은 내게 어떤 자신감처럼 느껴졌다. 돌풍에도 흔들릴지언정 휘둘리지 않을 사람들이 살고 있을 섬, 제주에 경의를 표할 수밖에 없는 이유는 기꺼이 아름다운 도도함이다.

 - 김 작가에요, 비행기가 연착되어 이제 공항에 내렸어요. 어디로 가

면 되죠?
- 이런 궂은 날씨에 정말 오셨네? 내비게이션에 제주시 이도동 '달리도서관'을 찍으세요.

한 달 전, 제주 여행을 계획하면서 대체 '누굴 만나 무엇을 물어볼까' 하는 문제로 고민할 때, 먼저 스친 생각은 제주 이민자들의 커뮤니티였다. 검색 창에 제주 이민이라는 단어를 치자, 생각보다 많은 모임과 카페들이 줄줄이 검색되었다. 그 중에서 눈길을 사로잡은 곳은 단연 달리도서관이었다. 세상을 달리 보고 달리 느끼고 달리 생각하는 공간이라서 달리도서관이라고 했다. 게다가 달빛 아래 책 읽는 소리를 줄인 말도 된다니, 세상에 이보다 멋진 이름이 또 있을까 싶었다.
 나는 숱한 궁금증과 호기심으로 제주에서 한라산학교와 달리도서관을 기획한 박진창아 씨의 연락처를 수소문했다. 어렵지 않게 전화가 연결되었는데, 짐작과 달리 여자였다. 그것도 제주 여자. 수화기 너머로 들려오는 목소리는 낮으면서도 경쾌한 울림이 있었다.

- 제주에서 나고 자랐네요. 30대에 서울 살이 하다가 10년만에 다시 귀향해서 이제 제주 살이 3년차에요.

그러니까 그 여자의 이야기는 육지가 아닌 섬에서 시작된 것이다. 제주 처녀가 섬을 떠나 서울에서 청춘의 열정을 불살랐으나, 남은 것은 도시의 허망함과 삶의 피로였던 걸까. 섬처럼 살아야 했고, 바다처럼 살고 있고, 앞으로도 그러할 여자들이 모여서 제주에 새로운 시공간을 창조해냈다는 것이 나는 너무나 신기했다. 제주에서 처음 만날 사람으로 나는 주저 없이 그녀를 택했다.

제주 시내 한 가운데에 위치한 작은 건물에 차를 멈추었다. 건물이 생각보다 허름해서 약간 당황스러웠다. 그런데 2층 도서관으로 발을 옮기면서, 그런 나의 허접한 생각은 말끔히 해소되었다. 다소 썰렁하게 느껴질 수도 있는 계단과 공간의 구석구석으로 사람의 손길이 닿아있었다. 이를테면 앙증맞은 화분이라던가, 감각적인 포스터들 말이다. 작고 소소한 감성에 감탄하며 문을 여는데, 제주 여성 특유의 씩씩함을 풍기는 사람이 내 앞에 불쑥 나타났다.

  - 김경희 작가?

진한 뿔테 안경에 이국적인 스카프를 두른 그녀는 무사히 여기까지 온 것을 환영한다는 표정으로, 사람 좋은 웃음을 지어보였다. 그리고 조급함과 불안함에 쫓겨 여기까지 달려 온 내게 천천히 자기 소개, 아니 제주 소개를 했다.

  - 제주 이민자들이 궁금하세요?
  - 네, 크게 보면 세 가지에요. 왜 제주인지, 어떻게 먹고 사는지, 비

제주 시내 한 가운데에 자리한 작은 건물 2층에 있는
달리도서관은 계단과 공간 구석구석까지 사람의 손길이 닿아 있었다.

달리도서관 박진창아 관장

용은 얼마나 드는지도 궁금하고요.
- 한 마디로 300만 원 벌던 사람이 100만 원만 벌어도 살 수 있는 곳이에요.
- 정말 그래요? 100만 원만 벌어도 살 수 있다고요?
- 무엇보다 먹을거리들이 지천에 넘쳐나니까요. 요즘은 양파 수확이 한창인데, 여기저기서 가져다 먹으라고 난리죠. 그건 제주라서가 아니라 시골이면 어디서나 느낄 수 있는 부분인 것 같아요. 남의 밭이라도 먹을 거를 심겠다는 걸 말릴 인심은 아니니까. 제주 말에 이런 게 있어요. 살암시면 살아진다. 누구든 정말 살 생각으로 제주에 온다면 살면 다 살아지게 되어 있어요.
- 살암시면 살아진다…… 재밌는 표현이네요.
- 그게 제주 삶이니까. 그런데 한 가지 짚고 넘어가야 할 것이 있어요. 자연 속에서 외로움과 기다림을 즐길 줄 아는 사람들이 제주살이에 좀 더 적합하지 않을까 하는 생각이 들긴 해요.
- 가족이 올 경우는 어떤가요? 아이가 있다면 교육 문제도 있고.
- 여기 교육열도 서울 못지않아요. 제주가 지상낙원이라고 착각하고 오시면 당연히 실패하겠죠?

어째 이야기를 들을수록 제주라는 섬은 더 궁금해지고 모호해졌다. 박진창아 씨는 서울에서 불쑥 날아온 내게 몇몇 제주 이민자들의 연락처를 알려 주었다.

- 구좌읍 하도리에는 20대 처녀들이 농사공동체를 이루고 있어요. '다음'이라는 좋은 회사를 때려 치고 농사를 지으며 지구촌 여행을 계획하는 가족도 있고. 서울에서 귀향한 의사 부부도 있죠.

섬과 육지를 잇는 여행자들의 베이스캠프이자 이민자들의 삶이 얽혀 있는 공간이다 보니 자연스럽게 그들에 대한 정보를 얻을 수 있었다. 큰 세상이 있다면 작은 세상이 있다. 제주라는 섬 속에 이런 작은 세상이 있다니 내게는 그것조차 신선했다.

- 사실 달리도서관 건물은 무상 임대에요.
- 무상으로 빌려준 건물이라고요?
- 제주 이민자들과 지역민들이 자연스럽게 어울릴 수 있는 공간을 만들겠다고 내려왔지만, 저 역시 가진 돈이 없었어요. 아시잖아요? 도시에서의 삶이라는 게 벌긴 버는 데 어디로 나가는 줄도 모르고 다 새버리는 거.
- 그렇죠, 도시 사람들 통장은 정거장처럼 돈이 지나치기만 하죠. 그런데 자본도 없이 어떻게 도서관을 만드신 거죠?
- 우리 동네에 인문학 공간을 새롭게 만들어보겠다는 기획안을 작성해서 건물 주인인 선배님 부부를 찾아갔어요. 두 분 모두 공공에 보탬이 되는 일에 깊은 관심을 갖고 있는 분들이어서 흔쾌히 '3년 무상 임대'를 허락해주셨어요.

- 와우! 서울에선 상상도 못할 일이네요.
- 어쨌든 어려움도 많았지만, 제주 이민자들의 커뮤니티는 성공적인 시도였다고 생각해요. 그러고 보니 벌써 무상임대 기간도 다 되어 가네요?

제주 이민자들의 연락처를 건네주면서 그녀는 일일이 전화를 걸어 그들에게 양해를 구했다. 귀한 보석이라도 얻은 듯 뿌듯해진 마음으로 나는 연락처가 적힌 종이를 받았다. 물론 그 종이는 내게 아무런 쓸모가 없을지도 모른다. 그들이 나를 만나려 할지 혹은 귀찮아할지 알 수 없기 때문이다. 다만 그녀가 알려준 '살암시면 살아진다'라는 말처럼, 만나려고만 하면 만나질지도 모르겠다는 생각은 들었다. 약간의 안도감과 적당한 두려움을 가지고 달리도서관을 나섰다.
막상 비행기를 타고 내려왔지만 막막함이 느껴졌다. 인사를 하고 주차장으로 내려왔을 때 날은 이미 어두워져 있었다. 여전히 비바람은 잦아지지 않았다. 나는 서둘러 차 안으로 뛰어 들어갔다. 첫 숙소인 게스트하우스에 전화를 걸어 예약 확인을 하는 사이 자동차는 빠르게 시가지를 지나고 있었다. 거리에는 차량 행렬이 이어졌고, 사람들은 진지한 표정으로 거리를 오갔다. 도시와 별반 다르지 않은 모습이 다소 혼란스러웠지만 그런대로 괜찮았다. 창문을 열자, 도시와 바다 냄새가 섞인 묘한 바람이 느껴졌다. 은근히 조화롭기도 했다. 어쩌면 제주는 그런 곳인지도 모르겠다. 살암시면 살아진다, 라는 말이 자꾸 입 속에 맴돌았다.

제주 이민을 결심할 때
고려해야 할 3가지

◎　　　초기 이민자들이 자주 하는 실수 중 하나는 관광객 수 예측의 오류다. 흔히들 제주 어디를 가더라도 관광객이 넘칠 것으로 생각하는데, 꼭 그런 것은 아니다. 막상 내려와 살아보면 관광객은커녕 사람 구경하기 쉽지 않은 마을도 많다. 물론 올레길과 저가항공으로 제주를 찾는 여행객이 눈에 띄게 늘어난 것은 사실이지만, 붐빌 만한 곳에만 붐빈다는 것. 그러니 게스트 하우스를 하든 카페를 하든 자신만의 콘텐츠나 경쟁력이 있어야 사람을 모을 수 있다는 말이다. 사시사철 가만히 앉아서 오는 관광객을 기다릴 것인가? 그럴 바엔 도시에서 월급쟁이로 사는 편이 오히려 낫다.

제주 이민자로서 가장 어려운 점을 꼽으라면 하나같이 불규칙한 수입을 든다. 제주에선 오로지 1차 산업과 3차 산업만이 가능하다. 농업은 농업대로, 서비스업은 또 그대로 단기간에 성과를 내거나 정상궤도에 진입하기가 상당히 어렵다. 정성과 노력은 기본이고, 시간과 인내심이 필요한 일! 그러니 도시에서 꼬박꼬박 월급 받던 직장인이라면 다시 진지하게 생각해볼 일이다. 불규칙한 수입과 생활의 불편함을 감수할 만큼 당신에게 제주가 절실한 이유가 무엇인가?

마지막으로 제주 이민자들이 가장 많이 하는 말은? "진짜 춥다!" 제주는 그대들이 상상하는 것 이상으로 춥고 습하다. 오로지 좋은 날은 1년에 단 두어 달 정도. 섬이라 바람이 끊이질 않고 심할 때는 몸이 휘청거릴 정도로 거칠게 몰아친다. 한치 앞도 예측할 수 없을 만큼 변화무쌍한 제주 날씨! 체력이 좋고 추위에 강한 당신이라면, 제주 살이에서 절반은 성공이다.

◎ **제주 이민자들의 집결지, 달리도서관은 지금?**

달리도서관의 큰 특징은 '책 나눔'이란 운영방식이다. 다른 사람과 나눠 읽고 싶은 책을 도서관에 보내는 것이다. 나누고자 하는 책이 20권 이상일 경우, 기증하는 사람의 이름을 달아 '누구누구의 책장'이 따로 마련된다. 자기 이름표가 붙은 책장이 있는 사람들은 달리도서관에서 운영하는 게스트 하우스의 무료 숙박권이 주어진다. 그밖에 제주여행 코디네이터를 양성하거나, 일상에서 만나는 문화예술 강좌(나도 여행 작가 과정, 고전 읽기 과정, 청소년 인문학 과정 등)가 상시 운영된다. 제주 이민을 진지하게 고려한다면, 지역민들과 제주 이민자들의 커뮤니티로 거듭난 달리도서관에 들러보는 게 어떨까?

- 달리도서관
  - 제주도 제주시 이도2동 1017번지 2층
  - 064)702-0236
  - cafe.daum.net/dallibook

Story 02

제주 게스트 하우스,
그 흔하지만 어려운……

함피디네 돌집 함주현 최정은 부부

뉘신지?	함주현(36) 최정은(32) 부부
어디 살아요?	제주시 구좌읍 한동리
언제 왔어요?	제주 이민 2년 차
뭐해 먹고 살죠?	게스트 하우스 '함 피디네 돌집' 운영
얼마 들었죠?	1억 5천만 원(230평 전통 가옥 구입 후 건물 수리 및 리모델링 비용 포함)
전에 뭐했어요?	방송 피디 부부
요즘 뭐해요?	아장아장 걷기 시작한 선율이 키우는 재미에 푹 빠져 지냄 자연이 주는 감동을 만끽하며 현재의 삶에 200퍼센트 만족하며 살고자 함

그런 생각해 봤어? 도시는 너무 거대한 것 같아.
서울이라는 공간과 사람들에 대한 방송 다큐멘터리를 만들면서
담당 피디와 나는 이런 이야기를 주고받은 적이 있다.
경치만 있고 풍경이나 관계는 사라진 인위적인 공간에서
우리가 인간적인 삶을 산다고 말할 수 있을까?

제주 도착 이튿날, 변덕스러운 날씨는 말짱하게 개어 있었다. 아침 햇살은 깨끗했고 해풍은 부드러웠다. 마당을 돌아 구불구불한 돌담을 따라 나오니, 곧바로 바다가 펼쳐졌다. 미풍 탓인지 도시를 떠났다는 것이 비로소 실감이 나서인지 어느새 마음이 말랑말랑해지고 있었다.

이틀을 묵기로 한 게스트 하우스인 돌집에는 아담한 마당이 딸려 있다. ㄷ자로 들어선 건물에 둘러싸인 직사각형의 마당에 초록색 양탄자라도 깔아놓은 듯 반듯하고 정갈하게 잔디가 깔려 있었다. 공간이 불러일으키는 감성이란 게 있는 걸까. 돌집 정원에 서 있으니, 내가 유년 시절을 보낸 서울 변두리의 낡은 집 마당이 떠올랐다.

우리 집에는 잔디가 없었다. 그러나 그곳 마당에는 아버지가 직접 심은 대추나무라든가 붉은 맨드라미, 분꽃이나 사루비아 꽃이 항상 흐드

러지게 피곤했다. 일명 꿀이라 불리는 사루비아 꽃을 따먹거나 분꽃에서 나온 흰 가루를 으깨어 소꿉놀이를 하던 기억이 떠오르자, 피식 웃음마저 났다. 여름이면 오빠가 웃옷을 벗고 시원하게 등목을 했던 마당 수돗가, 한 겨울에는 집집마다 내놓은 연탄재가 수북이 쌓였던 골목 담벼락. 그곳에서 나는 20년 가까이 살았지만, 어른이 되어 미련 없이 떠났다. 물론 오래가지 않아 그 동네엔 아파트가 줄지어 들어섰다.

- 일찍 나오셨네요? 그새 비가 개었어요.

누군가 말을 걸었다. 돌이 갓 지난 여자 아기를 품에 안은 안주인이 우두커니 서 있던 나를 보고 아는 척을 했다. 다행이다. 그녀가 나를 불러주지 않았다면 청승맞은 내 기억의 줄기가 어디까지 뻗어 나갔을지 모를 일이다.

- 아기가 춥지 않겠어요? 바람이 찬데.
- 제주에서 살려면 이 정도 바람은 아무것도 아니죠. 오히려 여기 내려온 뒤로 감기 한 번 안 걸린 걸요.
- 바람에 단련이 된 건가?
- 그런가봐요. 아침 8시에 마당에서 요가 시작해요. 생각 있으면 나오세요.

삼십대 초반의 안주인은 아기를 꼭 안고 종종거리며 저만치 사라졌다. 뒷모습을 바라보는데, 아직은 도시 엄마의 세련된 느낌이 묻어났다. 그럼에도 그들과는 다른 분위기가 있었다. 굳이 말하자면 여유와 안락함이었다.

- 왜 그렇게 편안해보이는 걸까요?
- 이 집 덕이죠.

제주시 구좌읍 한동리에 자리한 아담한 돌집이 이들 부부에겐 행복의 보고(寶庫)인 모양이다. 두 사람이 함께 제주에 내려온 지도 꼭 1년이 되었다. 그 사이 선율이는 돌을 지나, 곧잘 마당을 아장아장 걸어 다닌다. 부쩍 호기심이 일었다. 이 사람들은 진짜 제주가 좋아서 내려온 것일까? 그리고 도시민들의 로망인 마당이 딸린 이런 집은 대체 얼마면 구할 수 있을까?

- 이 집에 몸과 마음을 모두 내려놓기까지 경기도 일산의 소형 아파트에서 살았어요. 대게의 신혼부부들이 그러하듯, 수도권에 16평의 아파트를 장만해 살림을 시작했죠.

선율이가 생기기 전까지는 도시 생활이 그럭저럭 괜찮았단다. 그런데 아기가 태어난 뒤로 두 사람 모두 아파트가 답답하게 느껴졌다. 먼

제주도의 아담한 돌집으로 이사온 지 올해 꼭 1년이 되는 함주현 최정은 부부.
그 사이에 딸 선율이는 돌이 지났다. 이제는 곧잘 마당을 아장아장 걸어다닌다.

저 제주 이야기를 꺼낸 것은 남편 함주현 씨였다. 방송 피디라는 직업으로 워낙 이곳저곳을 다녔기 때문인지, 부부는 삶의 터전을 바꾼다는 것에 두려움이 크지 않았나 보다.

- 마침 매물로 나온 집이 있다는 얘기를 듣고 찾아갔는데, 처음 보는 순간 마음에 쏙 들었어요. 원래 구좌읍이라는 동네가 좋기도 했지만 뭐랄까요. 집이 사람을 안아주는 느낌을 받았다고 해야 하나요?
- 너무 궁금하다, 그런 느낌이란 거.
- 제주에 내려온 사람들 중에 의외로 고향을 만들기 위해 온 사람들이 있어요.
- 고향은 따로 있을 텐데요?
- 사람을 안아주는 느낌을 저는 이 집에서 받았고, 어떤 사람은 바다가 그런 생각을 갖게 했다고 해요.

고작 하루가 지났을 뿐인데, 그 말에 고개가 끄덕여졌다. 그런 생각이 드는 데는 이번 여행을 함께 떠나온 8살짜리 아들이 한몫을 했다. 도시에서 나고 자란 아들은 마당이 있는 제주의 돌집을 무척 좋아했다. 깨우지 않았는데도 일찌감치 일어나 마당 곳곳을 탐험하며 돌아다녔다. 제주의 전통 집인 안거리(안채) 밖거리(바깥채) 모두가 아이에겐 신기루인 모양이다. 거대한 쇼핑센터에서 엄마아빠가 카트를 밀고 장보러 다니는 동안, 3천원 짜리 실내 놀이방에서 노는 게 익숙한 아이였다. 갑

자기 미안한 마음이 들었다. 이런 돌담 집은 아니라도, 아들이 걸을 만한, 그런 손바닥만 한 마당이 딸린 집을 갖고 싶은 마음이 울컥 솟았다. 이것도 욕심일까?

- 그러니까 얼마나 들었어요? 이 집을 소유하는데?
- 일산 소형 아파트를 정리하고 나니 돈이 1억 5천만 원 정도 남았어요. ㄷ자형으로 안거리 밖거리 창고까지 건물이 잘 보존 된 집이라, 땅값을 포함해 7천만 원이 들었고, 나머지 돈으로 집을 수리하고 이사하는 비용까지 감당했어요.
- 그럼 16평 아파트를 팔고 제주에 230평 집을 지으신 거네요? 빚은 하나도 안 지셨나요?
- 신기하게도 얼추 맞아 떨어졌어요. 오히려 4백만 원 정도 남은 것

도시는 누군가에게 떠밀려서 바쁘다면, 여기는 스스로 판단해서 처리할 일들이 꽤 많다. 바람이 많이 부니까, 날이 좋으면 빨래를 바짝 말리고, 해가 쨍한 날은 수도를 틀어 물청소를 한다. 도시처럼 관리비로 해결되는 것이 아니다.

같은데요? 처음 이 집과 만날 때도 그렇고, 남들은 집 얻으면서 이런저런 고생도 많이 했다는데 저희는 그런 게 없었어요.
- 그래도 마을 사람들과 섞이는 게 쉽지 않았다거나? 시골에 사니까 외롭다거나……. 그런 게 있을 거 아니에요?

나는 기꺼이 흠을 내겠다는 사람처럼 손톱을 세우고 부부의 말을 의심했다. 왜 그런 게 있지 않나. 멀리서 볼 때 아름답지만 가까이서 실체를 보면 흉물스러운 것. 그런데 부부가 긍정적이기 때문인지 아니면 워낙에 즐거움을 만들어 가는 사람들이라 그런지, 아무리 틈을 비집고 들어가려 해도 두 사람의 얼굴은 해맑았다.

- 물론 저희도 싸워요. 아기 키우는 여느 부부가 그렇듯 투닥거리기도 하죠. 하지만 외로울 틈이 없이 바빠요, 이곳 생활은. 그래서 싸워도 금세 잊어버리고 웃게 되죠.
- 바쁘다고요? 이곳 생활이?

나는 그들의 말이 이해되지 않아 재차 물었다. 느림의 시간을 보내기 위해 도시를 떠나 제주로 내려온 게 아니란 말인가?

- 도시는 누군가에게 떠밀려서 바쁘다면, 여기는 스스로 판단해서 처리할 일들이 많아요. 바람이 많이 부니까 날 좋을 땐 빨래를 바

짝 말려야 하고요. 해가 쨍한 날은 수도를 틀어 물청소도 종종 해요. 아파트야 관리비만 내면 단지에서 알아서 물청소며 소독이며 다해 주지만, 시골 살림이 어디 그런가요?

그러면서 게스트 하우스를 운영하다보니 오히려 도시에 살 때보다 많은 사람들, 다양한 직종의 폭 넓은 사람들을 만난다는 이야기도 들려주었다.

- 대체 제주 생활의 단점은 무얼까요?
- 제주는 도시가스가 들어오지 않기 때문에 기름 값 부담이 커요.
- 아, 난방비 문제가 있군요. 겨울엔 얼마나 들어요?
- 넉넉히 때려면 백만 원 정도? 저희도 5~60만 원은 기본으로 들어요. 그래서 일부로 보일러를 달지 않고 옛날 집 그대로 쓰는 경우도 있어요.
- 나무라도 땐다는 말인가요?
- 땔감이야말로 지천에 널려 있어요. 하지만 그걸 다 충당하려면 남자가 힘이 엄청 좋아야 하지 않을까요?
- 그렇구나. 만만한 생활은 아니네요. 궁금한 게 한 가지 더 있어요. 게스트 하우스를 짓는다고 해서 모두 잘 된다는 보장은 없는 거죠?
- 제주는 농업이나 3차 산업인 서비스업만 가능하다 보니, 솔직히 외지인들이 손쉽게 선택하는 것이 게스트 하우스에요.

우리 집의 핵심은 딸 '선율'이에요. '선율이 흐르는 돌집'이 우리 집 콘셉트거든요. 아이가 커가면서 저희가 어떤 선택을 하게 될지는 알 수 없지만, 적어도 지금은 자연 속에서 키우고 싶어요.

- 맞아요. 도시의 집을 팔고 내려가서 펜션이라도 운영할까, 막연히 꿈을 꾸는 사람들이 많거든요.
- 게스트 하우스는 이제 포화 상태인 것 같아요. 그래도 해보겠다면 자기만의 콘텐츠가 확실해야 될 것 같아요. 그건 제주라서가 아니라, 도시에서 뭘 하더라도 마찬가지니까요.
- 그럼, 이 집의 핵심은 뭔가요? 전직 피디 부부가 운영한다는 것? 아니면 돌집?
- 손님들에게 물어봤는데 '돌집'에 매력을 느낀다고 하시대요. 요즘 여행자들은 예전과 달라요. 출발 전부터 인터넷으로 색다른 경험을 할 수 있을지, 얻는 게 무엇일지 등을 체크하고 오시니까요. 어쩌면 우리 딸 선율이 때문인지도 모르죠. '선율이 흐르는 돌집'이 우리 집 콘셉트거든요.
- 나중에 선율이 교육 문제는 어떡하실 건가요?
- 제주에 산다고 해도 교육 문제는 늘 화두에요. 아이가 커가면서 저희가 어떤 선택을 하게 될지는 알 수 없지만, 적어도 지금은 자연 속에서 키우고 싶어요.

두 사람은 어깨를 으쓱하더니, 마당을 가로질러 걷는 아기에게 달려갔다. 그 사이 정원과 작은 돌멩이들, 노란 유채꽃이 익숙해진 우리 아이는 조개를 줍겠다며 검은 돌담을 돌아 뛰어나갔다. 올레길을 걷기 위해 아침 일찍 커다란 배낭을 메고 나가는 자유 여행객들, 돌집 피디 부부, 한 달 동안 머물며 이곳에서 아르바이트를 하고 있다는 25살의 스텝 청년까지 모두 자기만의 시간을 갖는 이곳에서 나는 갑자기 고아가 된 것처럼 쓸쓸한 기분이 들었다.

놓치지 않고, 잃지 않으려고 버둥거리며 왔는데…… 뭐지? 이곳 사람들은 태연하게 웃으며 살고 있잖아.

나는 다소 억울한 기분이 들었다. 뒤통수를 맞은 듯 아찔한 기분마저 들었다. 다행인 것은 이제 슬슬 제주의 실체를 알 것 같다는 느낌이었다. 생각하고 마음먹은 대로 살 수 있는 용기가 있다면 좋겠지만 나는 그러기엔 욕심이 너무 많았다. 한 가지도 제대로 이루지 못하면서 덧없는 욕심으로 남들과 같은 길로만 꾸역꾸역 가고 있었다.
그날 오전 나는 모든 일정을 뒤로 하고 오래도록 봄의 바다를 걸었다. 간간이 마을 해녀들이 짝지어 지나가며 알 수 없는 말들을 주고받았다. 그렇게 동경해왔던 자연과 자유에 문득 손이라도 닿은 것처럼 기분 좋은 먹먹함이 들었다. 나는 그들이 말한 대로 자연이 안아주는 느낌을 상상하며 바닷가에서 잠시 눈을 감아 보았다. 눈을 떴을 땐, 이런 저런 고민들은 부드러운 해풍에 실려 가볍게 사라졌다.

제주도의 교육 환경이
궁금하다고?

◎   막상 내려 오고싶어도 아이를 가진 부모라면, 혹은 아이를 가질 계획이 있는 부모라면 제주도 교육환경에 대한 우려를 가지는 건 당연하다. 그 먼 데까지 내려가 행여나 우리 아이가 뒤처질지 모른다는 우려가 있기 때문이다.

그러나 내가 직접 보고 들은 제주의 교육환경은 기대와 상상 이상이었다. 우선 시내 뿐 아니라 시골 구석구석 어느 초등학교를 가더라도 넓게 펼쳐진 천연 잔디와 육상 트랙을 비롯한 운동 시설들이 서울의 여느 사립학교 못지않게 잘 갖춰져 있었다. 천혜의 자연환경과 이 정도의 시설을 보니 나라도 당장 보내고픈 충동이 일었다. 물론 사설 학원 등의 교육 시설이 시내 쪽에 집중되어 있는 것은 흠이지만, 적어도 초등학교 시기만큼은 지나친 경쟁보다 자연 속에서 자유롭게 뛰어노는 것이 좋지 않을까.

최근 학생 수가 줄어든 제주의 일부 초등학교에서는 마을 전체가 나서서 '학교 살리기'를 위한 갖가지 방법들을 동원하고 있다. 휴대폰 광고에도 등장한 애월초등학교 더럭 분교는 폐교 위기에 놓인 학교를 살리기 위해 마을 주민들이 힘을 합쳐 연립주택을 짓기에 이르렀다. 제주시 지원으로 완공된 이 집은 제주 도민을 제외한 타 지역에서 이주한 가정 중에서 집이 필요한 사람들을 위해 무상으로 제공된다. 자격 조건은 두 자녀 이상

의 가정이어야 하며, 그 중 취학 아동을 1명 이상 포함하고 있어야 한다. 설마 집 때문에 제주로 이사 오겠어? 라는 생각은 잠시 접어둘 것. 실제로 서울, 인천, 전주, 부산 등지에서 외지 사람들이 하나 둘 이 학교를 선택해 가족이 한꺼번에 이사를 감행 중이다. 물론 30평형 8가구와 25평형 2가구의 깔끔한 집이 무료 제공된다는 점도 매력적이지만, 그 외에도 자연친화적인 학교생활에 대한 기대가 초등학생 자녀를 둔 부모에게는 유혹적일 수밖에 없다.

한 교실에 8명 남짓의 학생들이 선생님과 친밀한 수업을 할 수 있는 것은 물론, 오름에서 직접 캐온 약초로 차를 끓여 마시고, 텃밭에서 직접 키운 채소로 밥을 먹는 아이들을 떠올려보라. 도시 어디에서도 상상해볼 수 없었던 그야말로 '꿈의 학교'라 불릴 만하지 않은가!

- 제주 교육청 교육행정과 064-710-0362
- 애월 초등학교 더럭 분교 064-799-0515

Story 03

제주에서 카페나 할까?

카페 최마담네 빵다방 최은별

뉘신지?	최은별(여, 36세)
어디 살아요?	제주시 한림읍 협재리
언제 왔어요?	제주 이민 1년 차
뭐해 먹고 살죠?	핸드메이드 카페 '최마담네 빵다방' 운영
얼마 들었죠?	6천 5백만 원(카페와 살림집 수리 및 인테리어 비용 포함 5년 임대계약) + α
전에 뭐했어요?	〈과속 스캔들〉, 〈7급 공무원〉 등 영화 마케팅
요즘 뭐해요?	치즈케이크나 머핀을 구우며, 사랑하는 고양이 두 마리와 함께 행복하게 살고 있음

집집마다 지붕과 담이 있는 이유를 알아?
모든 가정에는 최소한 한 가지 이상의 말 못할 고민이 있는데
그걸 가리느라 담장이 있는 거야. 그러니 네 삶은 지극히 정상인 거지.
고민을 끌어안고 있던 나는 애석하게도 그 말에 고개가 끄덕여졌다.
타인의 삶에 깊이 관여하지 않으면서 최소한의 내 삶을 지킬 수 있는 담,
제주로의 일탈을 부추긴 것은 어쩌면 담, 그래 그 돌담 때문이다.

확신하건대 제주가 특별한 이유는 돌담 때문이다. 검고 울퉁불퉁한 제주의 담은 사람의 손으로 직접 쌓아 올려 정감을 더한다. 돌챙이(제주에서 돌 일을 하는 사람)가 쌓아 올린 담은 동네마다 비슷하면서도, 각각 다른 분위기를 풍기며 방문객을 맞이한다. 치밀해 보이지만 가까이서 보면 구멍이 숭숭 뚫려 있는 담, 제주의 돌담이 틈새를 허락하는 이유는 바람 때문이다. 거친 바람이 돌담 사이로 빠져나가면 담은 끄떡없이 자리를 지킬 수 있다. 가옥이나 과수원 사이를 따라 길게 이어진 검은 담은 그렇게 제주의 바탕색이 된다.

돌담이 있어 바다가 한층 깊어 보인다. 물빛만이 아니다. 노란 유채꽃이나 주홍색 귤이 탐스러운 이유도 담 때문이다. 요란한 조명이나 번쩍거리는 장식 하나 없이도 돌담은 묘하게 사람을 중독시킨다.

- 제주 여행의 묘미는 누가 뭐래도 돌담을 따라 걷는 거지.
- 어디에서도 느낄 수 없는 미묘한 기운이 흘러요.

제주 여행객들이 바람처럼 드나든다는 협재의 쫄깃센타(만화가 메가쇼킹과 쫄깃패밀리가 운영하는 게스트 하우스)를 찾았을 때, 여행객들은 이구동성으로 돌담의 매력을 이야기했다.

사실 이곳을 찾는 대부분의 사람들은 나 홀로 여행객이다. 두 달 전 이곳에 처음 방문했을 때, 사실 나는 조금 주눅이 들었다. 내게 그 공간은 참으로 비현실적으로 느껴졌다. 어떤 이는 바다를 바라보며 카레를 먹고 있었고, 어떤 여행객은 홀로 앉아 우쿨렐레를 연주하고 있었다. 그들은 나 같은 사람은 안중에도 없다는 듯 무표정한 얼굴로 각자의 시간을 보내고 있었다.

약간의 신선함과 어리둥절함, 그리고 얼마간의 고통스러운 마음을 안고 주변을 휘휘 둘러보는데, 저만치서 커피를 내리는 한 여자가 눈에 들어왔다. 물이 끓는 소리와 그녀의 조용한 움직임에 왜 그런지 고통스러운 마음이 조금 사그라졌다. 잠시 후 커피 잔을 들고 다가오는 그녀는 자신을 최 마담이라고 소개했다. 여유 있는 표정이 몹시 인상적이었다. 모르는 사람도 금세 아는 사람이 되는 곳, 제주는 그런 곳인 걸까?

- 명함 한 장 주실 수 있을까요?

나는 커피를 받아 마시며 신상파악에 나섰다. 대수롭지 않게 반응한 건 그녀였다.

- 그런 건 없어요, 그냥 빵다방 최 마담이라고 불러주세요.

알고보니, 그녀는 협재에서 곧 '빵다방'을 시작할 제주 이민 준비자였다. 그런데 가게 이름이 빵집도 아니고, 찻집도 아닌 빵다방이라니. 대체 어디서 무엇을 하던 여자일까?
방송작가들의 보편적인 습성 중 하나는 누굴 만나더라도 섭외를 시도하고 인터뷰를 한다는 거다. 일종의 직업병인 걸 알면서도 잘 고쳐지지 않는다. 그런 이유로 가끔은 나를 이상한 사람 보듯 슬슬 피하는 사람들도 있었다.

그런데 최 마담은 그러지 않았다. 아니 그곳에 있는 사람들 대부분이 그런 것 같다. 서로의 연락처를 주고받는 데 전혀 인색하지 않았다. 물론, 그것 또한 자기 마음이다. 내키지 않으면 그럴 이유가 없기 때문이다. 최 마담 역시 자신의 이야기를 털어 놓는 데 주저함이 없었다. 굳이 내가 뭐하는 사람이고 누구인지 설명할 필요가 없으니, 나로서도 반가운 일이었다.

그렇게 내 주위로 사람들이 하나 둘 모여들었고, 그들과 나는 편안한 마음으로 반말과 존댓말을 섞어가며 대화를 나누었다. 최 마담의 이름은 은별, 그러니까 최은별 씨는 나와 비슷한 30대 중반이었다. 그것 또한 마음에 들었다. 서른 중반을 지나는 여자의 삶은 다 비슷할 것이라 생각했는데, 자유롭게 사는 그녀의 모습이 그런대로 보기 좋았다.

- 제주에 오기 전에 영화 마케팅을 했어요. 〈과속 스캔들〉이나 〈7급 공무원〉 이런 거.
- 진짜요? 〈과속 스캔들〉이라면 어마어마한 대박 영화 아닌가요?
- 그렇긴 하죠.
- 인센티브도 많이 받을 것 같은데, 그만 둔 이유가 궁금해요. 지친 건가요?
- 꼭 그런 것만은 아니에요. 사랑하지만 헤어진 관계? 영화는 제게 그런 연인같은 존재에요. 내가 속한 영화팀이 해체되면서 자연스

럽게 일을 쉬게 되었는데, 그때 제주를 만났어요.

최 마담은 머리도 식힐 겸 제주에 여행을 왔었다고 했다. 그런데 도시에 돌아간 뒤에도 자꾸만 이곳 생각이 났던 모양이다. 한때는 국내가 아니라 하와이에서 새로운 삶을 꿈꾸기도 했다. 그럴 때마다 이런저런 이유들이 걸렸고 바로 그때, 제주가 그녀의 삶에 끼어들었다. 다른 무엇보다 바다를 건넌다는 점이 마음에 들었다. 말이 통하는 외국이라고 하면 될까? 제주는 은별 씨에게 그런 의미로 다가왔다.
한번 남쪽으로 마음이 튀자, 그때부터는 돌이킬 수 없는 일이 되었다. 그녀는 제주 이민자들의 정보를 공유하기 위해 쫄깃센타를 수없이 드

나들었다. 그리곤 선배들의 무용담을 전해 들으며 차근차근 이민 절차를 밟아 나갔다.

나는 무엇보다 영화광이던 그녀가 왜 제주에서 빵집을 하려는 건지가 궁금했다. 흥미로운 것은 그녀는 원래 서울에서 빵집을 내려했다는 점이다. 이쯤 되면 예측이 가능하다. 알다시피, 서울 웬만한 곳에 창업을 하려면 억 단위 이상의 돈이 들어가야 한다. 그렇다면 최 마담의 제주행은 비용 문제도 있었던 걸까?

- 분명하고 구체적인 이유는 남들과 같은 속도로 살고 싶지 않았다는 점이에요. 하지만 비용 문제가 없었다고는 말할 수 없어요. 제주에선 연세로 집을 빌려 우선 영업을 시작할 수 있으니까요.
- 거주와 창업을 동시에 해결할 수 있다고 보면 되나요?
- 말하자면 그렇죠. 도시에서처럼 권리금이라든가 그런 것이 없고, 연세로 2백~3백만 원이면 집을 빌려 원하는 삶을 살아볼 수 있어요.
- 비용이 얼마나 들었는지 말해 줄 수 있을까요?
- 10년을 비워둔 집이라 그대로 영업할 순 없었어요. 집을 고치겠다는 조건으로 5년 임대계약을 했어요. 집수리와 인테리어, 조경 포함해서 6천 5백 정도 예상했는데, 조금 더 들었어요. 특별한 문제가 없다면, 5년 뒤에도 연장해서 계속 살 생각이에요.

머리를 굴려 6천만 원을 5년으로 나누어 보았다. 1년에 1천 2백만 원 정도로, 가게 임대료와 거주를 동시에 해결하는 셈이었다. 생각하기에 따라서 비쌀 수도 있고 적절하다고 느낄 수도 있는 액수다. 그리고 또 한 가지 드는 생각. 도시가 아닌 이곳에 빵 사러 오는 손님이 있을까?

- 우스갯소리로 친구와 서울 홍대 주변에서 점심 먹고, 저녁에 다시 제주로 내려온다는 말이 있을 만큼 접근성이 좋아졌어요.
- 아무래도 올레길과 저가항공의 영향이 큰 거겠죠?
- 주말뿐 아니라 평일에도 제주를 찾는 사람 수가 상당한 걸요.
- 도시 사람들에게 제주는 숨통을 트이게 할 비상구 같은 존재인 걸까요?
- 도시의 삶이란 게 화려해 보이지만, 그 이면에 숨 막히는 경쟁이 있잖아요. 수백만 원을 벌어도 모자란 것이 도시 생활이에요. 돈을 쓰지 않고는 살 수 없게 만들어진 구조 아닌가요?
- 그렇죠. 돈을 쓰면서도 인간다운 대접을 받는 것도 아니고.
- 제주에서 카페를 하겠다고 결심을 한 건 바로 그 지점이에요. 인간답게 살고 싶으니까.
- 그래도 가끔은 영화하던 시절 생각나지 않아요?
- 딱 한 번 그런 일은 있었어요. 서울에 갔을 때 괜찮은 영화를 봤는데, 엔딩크레디트에 후배 이름이 떡 하니 올라가더라고요. 저도 사람이니까 순간, 저기 내 이름이 있어야 하는 거 아닐까? 내가 제주까지 가서 대체 뭘 하겠다는 거지? 그런 생각 들었어요.

"도시의 삶이란 화려해 보이지만, 그 이면에 숨 막히는 경쟁이 있잖아요. 수백만 원을 벌어도 모자란 것이 도시 생활이에요. 돈을 쓰지 않고는 살 수 없게 만들어진 구조 아닌가요? 제주에서 카페를 하겠다고 결심을 한 건 바로 인간답게 살고 싶다는 것. 바로 그 지점이었어요."

카페 최마담네 빵다방 최은별

- 아, 왠지 뒷골이 당겼을 것 같아요.
- 신기한 건, 제주에 내려오니 또 말끔히 잊히는 거예요. 아마도 미련이 조금은 남았던 것 같은데, 제주는 그 마저도 잊게 만들어요. 현재 꿈은 '제주에서 행복하게'예요. 사랑하는 고양이 두 마리와 함께 말이죠.

그녀의 이야기를 가만히 듣고 있으니 서른 중반의 나이에 왜 제주행을 감행했는지 조금은 이해가 되었다. 자신이 원하는 삶을 알고 그렇게 살 수 있다면, 1년에 만 원이 들건 2만 원이 들건 그것은 중요한 일이 아니다. 또 그런 생각은 제주하고도 어울리지 않는 고민이 아닐까. 10년 간 비어 있던 폐가를 임대해서 달콤한 빵을 굽고 커피를 내리는 삶을 결정한 순간, 그녀에게는 이미 다른 인생이 시작된 거니까.

조금만 일이 틀어져도 무슨 큰일이라도 생긴 줄 아는 나는 이미 도시와 너무 닮아버린 건 아닐까? 생각처럼 장사가 잘 되지 않는다 한들 하늘이 무너지거나 땅속으로 꺼질 일은 결코 일어나지 않는다. 다만 돈을 조금 잃을 뿐이다. 어쩌면 별 것도 아닌 돈이라는 족쇄를 다리에 차고, 나는 줄곧 되지도 않을 일탈을 꿈꿨나보다.

갑자기 그녀의 자유와 꿈을 향한 여정이 몹시 부러워졌다. 시행착오조차 두려워하는 지독한 고집쟁이가 내 속에 있었다. 역시나 내 삶이 지루하고 피곤하다면, 그 모든 것은 내 안의 문제다. 누가 더 자유로울 수 있는가, 누가 더 과감하고 더 느긋할 수 있는가, 최 마담의 제주 살이는 내게 그런 생각을 하게 해 주었다.
최 마담을 만나고 돌아가는 길에 서울에서 문자 한 통이 왔다.

- 삽화 시안이 나왔어요. 원고 수정에 대해 의논드리려고요. 다음 주 미팅 가능하신가요?

이른 봄에 어린이용 전집 원고를 하나 시작했는데, 아무래도 원고와 삽화가 달라 내용 수정이 불가피하다는 문자였다. 마무리도 못 하고 내려온 일들을 떠올리니 갑자기 훅- 한숨이 새어 나왔다. 약간의 조바심이 밀려왔지만 크게 걱정하지 않기로 했다. 좋아서 시작한 그 일이 쫓기는 일이 된다면 이 얼마나 끔찍한가.
최 마담은 더는 남들과 같은 속도로 살지 않겠다고 말했다. 속도를 조금만 늦추면 미처 몰랐던 것들이 눈에 들어온다. 금능리 해변을 달리던 차의 속도를 줄였다. 창문을 열자 묵직한 파도 소리가 바닷바람을 타고 전해졌다. 끝이 보이지 않는 해안 길과 도무지 어울릴 것 같지 않은 무거운 한숨은 홀연히 공중으로 날아가버렸다. 참 별일도 아닌데 그동안 너무 조급했다.

최마담네 빵다방의 탄생 과정이
궁금하다고?

◎   누구나 한번쯤은 꿈꾸었을 삶, 분위기 좋은 카페의 주인이 되는 것! 그곳에서 물리도록 책을 읽거나 커피를 내리고 빵을 굽는 낭만적인 삶의 방식 말이다. 그곳이 제주라면 두말할 필요도 없다. 그런데 막상 카페를 창업하자면 막막할 것이다. 우리의 최 마담은 어떻게 카페를 만들었을까? 그 탄생 과정을 살짝 맛보기로 하자.

① 제주에 내려와 6개월을 헤맨 끝에 협재리에서 꿈의 집 발견! 2011년 8월 계약했죠.

② 54년 전에 지어졌고, 10년 넘게 비어 있었던 폐가였대요. 이전에 살던 임대인이 뒷마당에 시멘트를 부어서, 집도 절반이나 잠겨 있었죠. 그러나 까만 돌집과 멋진 기와지붕이 최 마담의 마음을 사로잡았다고요.

③ 리모델링 공사는 2012년 1월 11일 시작했어요. 칸칸이 방을 나누었던 모든 흙벽을 뜯어냈고, 기와집인지라 기둥은 함부로 뺄 수 없어 꼼꼼히 챙겨가며 철거작업에 시간을 들였죠.

④ 흙으로 구운 멋진 기와는 그대로 살리려고 노력했어요. 상태가 좋지 않아 어쩔 수 없는 것만 뜯어냈어요.

⑤ 최 마담도 그냥 쉬고만 있진 않았답니다! 오래된 나무 기둥을 곱게 갈아내서 원래 나무색을 찾아주는 그라인딩 작업을 했어요. 며칠간 고생 좀 많이 했죠.

⑥ 이곳은 예전에 아궁이가 있는 주방으로 들어가는 통로였어요. 공간을 막기 위해 돌로 쌓아 외벽을 만들었어요.

⑦ 빵다방의 안에는 나무가 주는 편안함을 한껏 살리려고 했어요.

⑧ 낡은 기와와 제주에만 있는 돌집에 반해서 폐허 같은 집을 얻어 단장한 빵다방!! 올레길 14코스 마지막 즈음에 있으니, 많이들 놀러오세요!

• 최마담네 빵다방
  - 제주특별자치도 제주시 한림읍 협재리 1494-1
  - blog.naver.com/hirana

Story 04

어디에서 살지?
월세도 아니고 연세는 뭐야?

사진작가 이겸

뉘신지?	이겸 (남, 44세)
어디 살아요?	제주시 조천읍 선흘리
언제 왔어요?	제주 재이민 1년 차 (1999년 이민 경험 있음)
뭐해 먹고 살죠?	프리랜서 사진작가, 아동후원 단체 '밝은 벗' 운영
얼마 들었죠?	임시 거처는 무상 임대. 현재 살림집 미정
전에 뭐했어요?	사진 찍고, 여행서 씀
요즘 뭐해요?	자연의 넉넉함과 여유로움 속에서 영혼이 담긴 사진 작업을 하고, 소외된 아이들 후원에 힘쓰고자 함
꿈이 있다면?	5살인 딸아이가 마음껏 뛰어놀 수 있는 자연이 있는 살림집 마련

제주 할망이 불렀다는 말
마치 내겐 미지의 주문처럼 느껴졌다.
그런데 뒤잇는 그의 한숨에서 나는
아름다운 로망만이 아닌 현실을 봤다.
제주를 모르고 내려왔을 땐 그도 무척이나 용감했을 것이다.

고기국수를 먹을 참이었다. 제주에 가면 반드시 먹어보리라 생각했던 것 중 하나다. 요즘 젊은 친구들이 즐겨 먹는 일본 라면인 돈코츠 라멘과 비슷하다는 누군가의 강력한 추천이 있었다. 아무려나 뜨끈한 사골 국물에 삶은 국수를 말아 돼지 수육을 얹어 먹는다는 그 음식을 이번에는 꼭 먹어볼 참이었다. 단지 그것을 먹겠다는 일념 하나로 제주 시내로 향했다. 막상 도착해보니 며칠 전에도 한 번 지난 곳이었다. 둘러보니 우리 말고도 많은 관광객들이 찾아온 듯 식당은 꽤 붐볐다.

- 그냥 다른 데 가서 아무거나 먹을까?

사람 많은 곳을 싫어하는 나는 기다리는 것을 싫어하는 아들에게 넌지

사진작가 이겸

시 물었다.

- 왜? 기다리자. 맛있을 것 같아.

여기가 정말 제주일까, 라는 생각이 들만큼 당황스럽게 붐비는 그곳에서 아들과 나는 결국 음식을 시키기로 했다.
10여 분 만에 주문한 음식이 나왔다. 고기국수는 뜨끈하고 깊은 맛이 났다. 오래 우려낸 사골 국물에 잘 삶아진 돼지수육을 얹어 부드러운 맛도 일품이었다. 다행히 아이의 입맛에도 잘 맞았다. 이 음식을 추천한 누군가의 말과 달리, 일본 라멘과는 좀 다른 맛이었다. 돼지수육은 식감이 살아 있었고 국물의 맛은 뭐랄까, 느끼하지 않고 개운했다. 전혀 예상치 않은 새로운 맛은 서울에 가서도 두고두고 생각날 것 같다. 전화가 울린 것은 그때였다.

- 이겸입니다. 집 문제로 요즘 골치가 좀 아픕니다. 오전에는 시내에서 만날 사람이 있고, 괜찮으시면 오후쯤 들러주시겠어요?

사진작가 이겸 씨였다. 그는 제주에 내려온 지 1년 정도 지났건만, 아직까지 거주지를 구하지 못해 어려움을 겪고 있었다.
그는 정감있고 신뢰감을 주는 목소리였다. 10년 동안 수많은 사람을 인터뷰한 결론은 목소리가 그 사람의 대부분을 말해준다는 것이다. 목소리만이 주는 느낌은 나중에 그 사람을 겪은 후와 거의 비슷했다. 물론 내 생각일 뿐이다. 아무려나, 목소리 좋은 그 남자가 무척이나 궁금했다. 한창 사진작가로 일할 나이에 제주도까지 내려온 속내는 무엇일까?
선흘리로 향하는 길, 시간이 조금 남아 해안도로를 따라 달렸다. 차에서 본 풍경은 이국적이었다. 협재 해수욕장 부근에서 차를 멈추고, 잠시 발을 담그기로 했다. 4월 말, 제주의 햇살은 너무나 풍성했다. 무엇보다 파랑도 초록도 아닌 바다의 물빛을 그냥 지나칠 수는 없었다.
잠깐 뒤돌아서는 사이 아이는 비양도가 보이는 방향으로 첨벙첨벙 뛰어들었다. 동심이란 저런 거였다. 천혜의 비경 앞에서도 주눅 들거나 망설임이 없는 것. 그와 달리 바다에 조심스레 발을 담그면서 나는 옷이 젖을 것을 미리 걱정했다. 얼마 후 사람을 만나기로 했으니 옷을 버리면 안 된다는 생각이 먼저 든 것이다. 어른이 된다는 것은 자신을 전적으로 던질 수 없게 된다는 뜻은 아닐까. 무엇을 하든 약간의 퍼센티지만 할당할 뿐이다. 오류를 범하지 않기 위해, 젖지 않기 위해 겨우 손가락 하나만 뻗어 맛만 본다, 가엽게도. 그러니 제대로 맛을 느낄 수 없다. 지금까지의 여행도 모두 그러했다.
그런데 제주 바다가 발목까지 차오르는 순간, 나는 내 나이 서른일곱에서 서른 살을 뚝 잘라내고픈 마음이 들었다. 아이와 같은 한 자릿수 나이로 이 바다를 느끼고 싶었다. 살갗에 닿는 제주 바다는 차갑고 부드러웠다. 이것이 이방인인 내게 제주 바다가 준 첫 감촉이다.

- 이제 그만 가자.

머물렀다면 예외 없이 떠나야 한다. 한참 정신을 잃고 놀다보니 이겸 작가와 만나기로 한 시간이 가까워졌다. 어느새 생기발랄해진 나는 멜론 맛이 나는 기다란 하드 두 개 중 하나를 아이에게 내밀었다.
돌아가자는 말에 아이는 아쉬움이 남는지 입술을 깨물었다. 어쨌든 기분이 좋아진 우리는 녹아내리는 하드를 흡입하듯 먹어치우곤 멜론 빛 바다에 안녕을 고했다. 8살 아들의 기억에 이 바다는 오래도록 남을 것 같다. 나 또한, 바닷바람 탓인지 멜론 맛 아이스크림 때문인지 돌아가는 내내 코끝이 향기로웠다.
누군가 빌려주어 머물고 있다는 이겸 작가의 임시거처는 이층 건물이었다. 건물로 향하는 마당은 대나무 숲길이 이어졌다. 이런 별장 같은 집을 빌려 주기도 하다니! 제주는 도통 모를 곳이다.

그런데 현관문은 잠겨 있고, 2시간이 넘도록 그는 나타나지 않았다. 피로와 기다림에 지친 내가 마지막이라고 생각하고 다시 전화를 걸었을 때, 수화기 너머에서는 무척이나 다급하고 미안해 마지 않는 음성이 들려왔다.

- 정말 미안합니다. 너무 중요한 일이라서…….
- 저, 무슨 일인지는 모르겠지만 벌써 약속 시간이…….
- 제가 말이죠, 제주에 집을 얻었습니다!
- 네? 뭐라고요?
- 집을 얻었다 이 말입니다. 그동안 너무 일이 꼬여서 말이죠. 이제 5분이면 도착합니다. 가지 말고 기다려주세요!

붉은색 셔츠를 입은 그는 중절모가 제법 근사하게 어울렸다. 연애할 때도 누군가를 기다리는데 인색했던 내가 생면부지의 남자를 2시간 넘게 기다리다니. 어쨌거나 이겸 작가와의 첫 만남은 그렇게 시작되었다. 그는 사진집과 몇 권의 여행서적을 보여주며, 직업이 두 개라고 했다. 사진작가로서의 이겸과 아동후원단체 '밝은 벗'을 이끄는 대표 이겸.

- 사진 강좌를 운영하는데, 제 수업을 듣는 수강생들은 모두 결식아동 돕기에 참여하게 됩니다.
- 일종의 재능기부라고 보면 되겠군요?

재능기부로 정의한 그의 아동 후원은 5년 전 시작되었다고 한다. 볼리비아 어린이를 알게 되면서 하나 둘 후원하게 된 것이 지금까지 이어져 오고 있었다.

- 예술이란 것이 아름다움을 추구하는 일이니까요. 어린이들과 함께 한다는 건 아름다운 일이잖아요.

예술가로의 길과 어린이 후원. 막연하게나마 그림이 그려질 것도 같았다. 그런데 왜 제주행을 택한 걸까? 예술과 재능 기부는 도시에서도 가능한 것일 터, 굳이 터전이 왜 제주여야 하는지 궁금했다.

- 딸이 올해 5살이에요. 워낙 사진 작업으로 집에 머무는 날이 적다 보니 자연스럽게 아이와 함께 할 시간이 넉넉지 않았죠. 한번은 아이를 데리고 대형 마트에 갔는데, 대충 만든 물건이나 인스턴트식품들이 가득 쌓인 곳에서 아이가 아무렇지도 않게 뛰어놀더군요. 충격을 받았어요. 이건 아니지 않나? 그런 생각이 들었죠.

바로 그거였다. 사람 사는 정도 없고, 이야기도 없는 식재료들(나는 한국 산천의 식재료들이 저마다 사연과 이야기를 갖고 있다고 생각한다)이 무더기로 쌓여 있는 공간에서 쫓기듯 장을 봐야 하는 그곳이 나 또한 거북스러웠다. 때문에 그의 말에 백퍼센트 공감했다.

- 맞아요. 카트에 뭘 담는지 왜 담는지도 모르게 꾸역꾸역 담고는 신용카드로 값을 치르고 돌아갈 땐 저도 그렇게 허무할 수가 없어요. 내가 뭐하는 거지? 여기에서 왜 이러고 있지? 그런 생각이 드는 거죠.
- 아이 때문에 제주행을 결심했어요. 사실 99년도에 이곳에서 잠시 살았던 경험도 있고요.
- 99년도면 10여 년 전에요?
- 모든 도시민들이 로망인 과수원이 달린 집 있죠? 200평 정도 되는 곳에서 집을 짓고 제주 생활을 시작했는데, 일도 그렇고 여러 여건이 닿지 않아서 다시 서울로 올라가게 되었어요. 그땐 제주가 약간

답답하기도 하고 그랬는데 결국 이렇게 다시 내려오네요. 제주 할 망이 부르는 걸 수도 있고요.

이곳에서 사람들을 만나면서 가장 많이 듣는 말이다. 제주 할망이 불렀다는 말이 마치 내겐 마법이나 미지의 주문처럼 느껴졌다. 그런데 뒤잇는 그의 한숨에서 나는 아름다움과 로망만이 아닌 현실을 봤다. 제주를 모르고 내려왔을 땐 그도 무척이나 용감했을 것이다. 내가 너무 앞질러 상상하는 것인지도 모르겠지만 그의 두 번째 제주행은 그다지 만만치 않은 듯 했다. 왜 그랬을까?

- 제주는 로망만 가지고 내려올 섬이 아니니까요. 무엇보다 집을 빌

리기가 정말 어려워요 특히 요즘은. 그렇다고 구매하는 것도 쉽지가 않죠. 제주 이민의 현실은 거기서부터 출발한다고 봅니다.
- 부동산처럼 중계하는 곳이 있을 텐데 집구하기가 왜 어렵죠? 여행하면서 보니까 빈 집들도 눈에 많이 띄던데요?
- 제주는 도시와 달라요. 매매든 임대든 현지인을 통하지 않으면 부당한 대우를 받을 수도 있어요.
- 네? 부당한 대우라고요?
- 좀 세게 말하면, 여긴 부동산이 있어도 무용지물이라고 보시면 돼요. 도시에는 시세라는 것이 있고, 매물이 모두 드러나게 마련이지만 제주는 그렇지 않아요. 당장 계약서를 썼다 해도 주인이 마음을 바꾸면 다 소용이 없는 일이죠.
- 말도 안 돼요. 계약서를 썼는데 어떻게 그래요? 법적인 절차라는 게 있는데…….
- 한 가지만 물어볼게요. 그런 일이 생기면 어떡하실 건가요? 지역민들과 싸우실 거예요? 법대로 밀어붙이실 건가요?
- 네……? 그야 약속을 어긴 거니까…….
- 싸우고 법적으로 일을 벌인다고 해결되는 건 없어요. 특히 이곳 제주에선. 어떤 식으로든 그 집을 얻어냈다고 봅시다. 그렇다 한들 마을 사람들과 좋게 지낼 수 있을 것 같아요?
- 아…… 그렇구나. 여긴 도시가 아닌 제주니까. 그렇다면 살겠다고 내려온 사람이 가장 먼저 할 일이 뭐죠?

사진작가 이겸

- 인맥이요. 살아야겠다는 확신이 들어서 내려왔다면, 먼저 현지 사람을 사귀고 인맥을 만드는 게 중요해요. 그걸 몰랐기 때문에 저도 내려와서 고생을 많이 했어요.
- 그렇군요. 일단 살아보면서 알음알음 사람부터 알아가야겠군요. 역시 무엇이든 사람이네요, 사람.

가만 생각해보니 나이가 들면서 나 또한 이분법적인 사고가 굳어진 듯했다. 잘한 것과 잘못한 것, 내 편과 네 편, 옳은 것과 그른 것 등 저마다의 잣대로 세상을 둘로 나누어보는 게 너무 익숙해진 탓이다. 제주 사람들의 방식을 두고 누군가는 잘못되었다 말할 수도 있고, 흔히 말하는 텃세라고 부를 수도 있다. 하지만 내게는 그들 삶의 방식을 나쁘다, 혹은 틀렸다라고 말할 자격은 없는 것 같다. 그런 삶의 태도를 갖게 된 저마다의 이유가 있을 것이고, 지역마다 사람마다 살아가는 방식은 다를 수밖에 없는 거니까. 제주의 방식에 맞추던지, 아님 제주 이민을 포기하던지, 그건 자기가 택하기 나름인 문제다.
어렵게나마 집 구하는 데 성공한 그에게 박수라도 쳐주고픈 심정이었다. 그제야 왜 약속시간에 늦었는지 고개가 절로 끄덕여졌다. 제주 이민은 로망이 아니라 집 구하는 현실에서부터 시작된다.
낯선 곳에서 새로운 삶을 시작한다는 것은 어려운 일이다. 그럼에도 불구하고 모험을 하는 사람들이 있다. 제 집을 두고도 먼 곳으로 떠나기 위해 가방을 메고 두리번거리는 이방인들 말이다. 그런 삶은 참으로 자유로워 보인다. 내 모든 여행에는 그런 선망이 있었던 것 같다. 그러나 제주에서의 삶은 선망과 로망만으로 가능한 일이 아닌 것이다. 망망한 바다를 견뎌야 하고 그 앞에 초라해지는 자신을 인정해야 한다. 이겸 작가와 이야기를 나누는 사이 순식간에 밖은 어두워졌다.

  - 언젠가 제주에 다시 내려오세요.

그가 웃음을 지어보였다. 나는 그가 제주 살이의 모든 것을 안다고 생각하지는 않는다. 하지만 적어도 제주에서 살게 하는 작은 비밀은 알고 있는 것 같았다. "놀러오세요"가 아닌 "내려오세요"라는 말은, 마치 제주에 살러 오라는 말처럼 들렸다. 그 말에 나는 마음이 살짝 흔들렸다. 그러나 아직도 고민 중이다. 며칠 머물었을 뿐인 나 같은 이방인에게 제주가 속살을 다 보여줄 리가 없기 때문이다. 마음을 주지 않는 연인처럼 그럴수록 더욱 궁금해졌다.
갑자기 허기가 느껴졌다. 낮에 먹은 고기국수가 그리운 걸 보니 제주에 흠뻑 빠지긴 한 모양이다. 이제야 조금 감이 온다. 썩 마음에 드는 곳이다.

제주도에서 집 구하는
현실적인 방법들

◎　　제주는 여행의 단계를 지나면 한 번 살아보고 싶은 마음이 굴뚝같아지는 섬이다. 그렇다고 아무 집이나 덜컥 살 수는 없다. 물론 돈을 쌓아놓고 있어도 마음대로 살 수 있지도 않다.
　그렇다면 제주 살이의 초기 단계에서 가장 권장하는 형태인 장기 임대는 어떨까? 도시와 달리 월세가 아닌 연세 개념의 임대가 이루어지는 제주는 보통 250~300만 원 정도 시세가 형성되어 있다. 제주 시내는 연세를 얻게 될 경우엔 부동산을 거치는 것이 방법이겠으나, 바닷가 쪽이나 중산간 시골의 경우 딱히 부동산이라 부를 만한 곳이 없다. 이러한 특성을 가지고 있는 제주 임대 시장에서 가장 입김이 세면서도 현실적인 도움을 줄 수 있는 사람은 단연 현지인이다. 그들은 마을 사람들과 깊이 관계를 맺고 있으면서도 외지인의 고충을 헤아려 절충점을 찾아준다. 이들을 거치면 제주에서 흔히 벌어지곤 하는 임대나 매매 거래 시에 받을 수 있는 부당함 또한 피할 수 있다.
　그렇다면 현지인은 어떻게 소개받는 것이 좋을까? 막막하다면, 제주 이민을 준비하는 사람들이 모여 있는 '인터넷 카페'에 가입하자. 현지인에 대한 정보를 얻을 수 있다. 조금 더 적극적인 사람이라면 현지인을 직접 찾아가 보는 것도 나쁘지 않다. 제주는 각 지역의 특성에 맞게 특화 마을

(녹색농촌체험마을, 어촌체험마을, 자연생태 우수마을 등)이 지정되어 있기 때문에, 각 마을로 직접 전화를 걸면 기본정보에서부터 이주 시 정착방법 등에 대한 조언을 들을 수 있다. 실제로 몇 분의 마을 이장님들을 직접 만나 보니 생각보다 개방적이며 친절했다. 이들은 진정 살기 위해 내려온 외지 사람들에게 두 손이 아니라 두 발까지 걷어붙이고 도와줄 사람들이다. 여행의 로망이 아니라 현실의 집을 구하고자 한다면, 현지인들 속으로 뚜벅뚜벅 걸어 들어가자.

- 제주도에서 살기위한 모임 cafe.daum.net/jesalmo
- 제주에서 내집 마련을 위한 커뮤니티 cafe.daum.net/jejui-park
- 금등리 마을 대표전화 064-773-1937
- 유수암 마을 정보센터 064-799-2209

Story 05

제주의 시간은 어떻게 흐를까?

카페 아일랜드 조르바 디야나 & 바비야

뉘신지?	디야나(여, 41) & 바비야(여, 35)
어디 살아요?	제주시 구좌읍 평대리
언제 왔어요?	제주 이민 8년 차
뭐해 먹고 살죠?	카페 '아일랜드 조르바' 운영
얼마 들었죠?	1억 원 미만
전에 뭐했어요?	여행과 명상을 빼면, 그 흔한 도시인
요즘 뭐해요?	지역 아동복지센터에서 청소년들에게 홈베이킹과 바리스타 과정을 가르치고 있음. 재능기부를 시작하면서 새로운 세계에 다시 들어섬

우리는 얼마나 부질 없는 말들을 주고받는가.
옆에 존재한다는 것만으로도 위로가 되는 관계가 있다면
아마도 이런 모습일 것 같다.
나는 두 여인에게서 자유를 본다.

인생에는 무언가에 홀리듯 여행을 떠나고 싶은 몇 번의 순간이 찾아온다. 물론 그렇지 않은 사람도 있을 테지만 내게는 그런 순간이 서너 번 있었다. 17살에는 학교 담장을 넘어 인천 월미도로 반나절 가출을 했다. 25살 무렵엔 멀쩡히 다니던 회사에 사표를 던지고 강릉행 버스에 몸을 실었다. 서른 중반을 넘긴 지금, 나는 홀리듯 제주를 꿈꾸고 있다.

- 제주에서 만날 사람들은 섭외가 되었니?

막상 짐을 꾸리면서도 마음에 들지 않아 이리저리 재면서 고민하는 중에 전화 한 통이 걸려왔다. 일주일 먼저 제주에 내려간 정 작가에게서 안부 전화가 온 것이다.

─ 글쎄, 아일랜드 조르바 카페를 들러볼까 하는데.

─ 조르바 카페? 『그리스인 조르바』의 그 조르바?

─ 그건 확실히 모르겠고……. 제주에서 조르바 카페를 운영하는 두 여자의 기사를 봤는데, 어쩐지 만나보고 싶은 생각이 들어서.

─ 조르바의 여인들이라…… 느낌은 있네. 근데 여긴 날이 안 좋아. 먹구름이 잔뜩 끼어 바람도 많이 불고.

─ 제주 생활은 어때? 친환경, 웰빙, 로하스, 슬로우 라이프까지 모두 만끽하고 있나?

─ 그렇게 거창하게 말하긴 좀 그렇고…… 해 뜨면 자리에서 일어나고, 캄캄해지면 자면 돼. 자연의 섭리대로 살고 있는 거지.

자연의 섭리대로 산다고? 농담처럼 모호한 그 한 마디에 급격히 상승했던 내 삶의 긴장 지수도 덩달아 낮아졌다. 나는 다시금 짐을 꾸리기 시작했다. 필요한 것의 목록을 적고 몇 번의 검토를 거쳤음에도 가방은 어느새 미어터지고도 남을 지경이었다. 눈물을 머금고 옷가지 몇 개를 억지로 빼냈다. 그럼에도 부피는 별반 달라지지 않았다. 거추장스럽고 복잡한 내 마음처럼 여행의 짐도 그러했다.

내가 세상에서 진심으로 존경하는 부류가 있다. 바로 영혼이 자유로운 사람들이다. 제주시 평대리 바닷가에 그런 여인들이 살고 있다는 이야기를 들었을 때 나는 조금 가슴이 설레었다. 사실 방송 일을 하면서 유명하다는 사람, 권력을 가진 사람, 상상하기 힘들 만큼 재물이 많은 사람 등 다양한 부류를 만나왔지만, 진정한 보헤미안 라이프로 사는 사람은 흔치 않았다. 돈이나 명예, 인기나 권력을 내세우는 이들을 만난 뒤에는 늘 허망함이 남았다. 틀에 박힌 사람들의 굳어진 마인드는 내게 아무런 감동도 위로도 되지 않았기 때문이다. 자기 삶의 주인으로, 진정 내켜서 자유롭게 사는 사람들, 내가 제주에 가려는 이유는 그들을 만나기 위해서다. 아일랜드 조르바라는 카페를 운영하는 두 여인은 커피를 내려 팔거나 마음 내키는 일을 하면서 제주 사람들과 어울려 산다고 했다.

초대하지 않은 방문에도 놀라지 않는 사람들. 카페 아일랜드 조르바의 두 여자가 그랬다. 다만 그들은 내게 무관심했다. 눈을 맞추고 대화라는 것을 시작하는 데에 적지 않은 시간이 흘러야 했다. 기다림을 모르는 내게 그 시간은 지루하고 거북했다. 조바심은 오로지 나만이 내고 있었다. 침묵을 깬 것은 커피물이 끓는 소리였다.

– 커피 한 잔 하고 가세요.

내가 더는 기다릴 수 없을 것 같을 때 디야나가 조용히 눈을 맞추고 말을 걸었다. 그녀들의 이름은 디야나와 바비야이다. 물론 그것은 본명이 아닐 터이다. 도시에서 쓰던 이름 대신 여기서는 그렇게 불리고 있었다. 어떻게 친구가 되었을까 싶을 만큼 두 사람은 나이나 생김새, 하다못해 피부색까지 뭐하나 비슷한 것이 없어 보였다. 언제 끊어질지

모를 대화의 끈을 잡기 위해 나는 성급히 질문을 했다.

- 두 분이 참 달라 보이는 거 아세요?

디야나는 그런 이야기는 많이 듣는다는 표정으로 조용히 웃었다. 다시 말이 끊겼다. 바비야는 한 마디 말 없이 커피를 내렸다. 디야나는 작은 몸을 연신 움직이며 느리게 시간을 보냈다.
왜 그랬을까. 순간이라고 말할 수 없는 그 시간들이 내게는 참으로 신선하게 다가왔다. 우리가 사는 시간과는 다른 속도의 시간이 그들 삶을 지배하고 있다는 생각이 들었다. 인터뷰를 한답시고 의미 없는 이야기를 꺼내는 것이 우스운 것 같았다. 나는 커피 한 잔을 마시고 조용히 일어섰다. 카페 마당에 나서는데, 분명 그녀들의 사랑을 듬뿍 받을 것 같은 뭉치라는 강아지가 꼬리를 흔들었다.
5월의 햇살과 저만치 보이는 평대리 바다, 느리게 흘러가는 시간 속에서 나는 마치 이곳 사람이 된 것 같은 기분에 휩싸였다. 두 여자의 평화를 깨고 싶지 않아 아쉬운 대로 발길을 돌렸다. 돌아가면서 나는 성급하지 않으려고 진지하게 노력했다. 기다림도 연습이 필요한 거니까.
구좌읍 평대리에 머문 지 사흘이 되는 날 아침, 반가운 손님이 찾아왔다. 조르바 카페에서 만난 강아지 뭉치가 해안 도로를 따라 우리 게스트하우스까지 찾아온 것이다. 뭉치를 제일 먼저 반긴 것은 8살짜리 아들이었다. 만나자마자 뒤엉켜 몹시 좋아했다. 둘은 통통 튀어오르는

공처럼 생명력이 넘쳐 보였다.

알고보니, 뭉치는 이곳으로 종종 마실을 나온다고 했다. 조르바 카페에서 이곳까지 어른 걸음으로 20분 정도, 무려 700미터가 넘는 거리를 찾아온 걸 보니 녀석은 사람을 무척이나 좋아하는 모양이다. 뭉치를 데려다 준다는 핑계로 다시 조르바 카페로 향했다. 해안도로를 따라 걷는데, 아들이 수수께끼라며 뻔한 질문을 던졌다. 어른 주먹만 한 한라봉 4개를 비닐봉지에 담아들고 말이다.

- 귤은 귤인데 머리에 혹이 난 귤은?

답을 알면서도 잘 모르겠다는 듯 고개를 갸웃했다. 아이는 회심의 미소를 지었다. 바람은 여전했지만 햇살은 눈부셨다. 공기는 쾌적했고 우리 사이에는 건강한 에너지가 흐르고 있었다. 앞서가는 아이를 따라 뛰어가는 뭉치의 모습이 바닷가 풍경과 어우러져 묘한 감상을 불러일으켰다. 여행을 하면서 아름다운 풍경을 많이 만났지만, 자연과 사람이 어우러진다는 것은 또 다른 아름다움이었다. 이 풍경을 소유하고 싶다는 욕심이 잠시 들었지만 나는 가질 수 없음을 곧 인정했다.

조르바 카페에 도착했을 때 디야나는 마당에 털썩 앉은 채로 간판을 손수 만들고 있었다. 재료라고 해야 어디선가 구해 온 나무판과 조각용 칼이 전부였다. 언제 찾아온 손님인지 스님 한 분이 그늘에 앉아 그녀와 담소를 나누고 있었다. 나는 슬그머니 대화에 끼어들었다.

조금만 시간을 늦추면 바라보는 것만으로도 이렇게 다가오는 낙낙한 순간이 있다.

- 요가를 배우러 제주에 내려왔으니까 벌써 8년이나 된 이야기네요. 저는 제주를 치유의 섬이라고 생각해요. 기회의 땅이니 뭐니 하는 말들도 많지만, 이곳 바다와 바람은 그렇게 계산될 가치는 아닌 것 같아요.
- 삶이 버거운 사람, 마음에 상처가 있는 사람, 통증을 안고 사는 사람들에겐 더 없이 좋은 곳이죠.

조르바의 여인은 제주가 가진 치유의 에너지에 대해 이야기하고 있었다. 내가 원하는 삶을 살기 위해 나와 생각이 같은 사람과 내키는 일을 하면서 사는 사람들, 『그리스인 조르바』에서 말한 자유도 이와 비슷한 것이었다. 사람다운 사람을 만난다는 것이 얼마나 귀한 경험인지 절감하는 찰나, 두 여인은 그들이 처음 만난 순간에 대한 이야기도 들려주었다.

- 바비야를 처음 만난 그때를 지금도 생생히 기억해요. 화계사라는 절 입구의 커피 자판기 앞이었어요. 머리 모양도 그렇고 스님이구나, 라는 생각을 했었는데, 알고보니 아니더라고요.
- 화계사라면 서울 변두리에 있는 그 절 말인가요?
- 네, 작가님도 그 절을 아세요?
- 그 동네에서 유년 시절을 보냈거든요. 저는 20년 전에 그 절 앞을 서성였는데 두 분은 10년 전에 그곳을 오가셨구나……

급변하는 대도시, 번들거림과 네온사인으로 가득 찬 공간에 사는 우리가 시간은 다를지라도 같은 장소를 공유하고 있다는 것은 놀랄 만한 일이었다. 서울시 끄트머리에 자리한 화계사라는 절, 그 주변과 녹음들, 그 공간이 가지고 있는 풍경을 각자 떠올리면서 우리는 조금 더 가까워질 수 있었다.

벌어지는 사건과 경험의 종류가 다를 뿐, 대부분의 사람들은 삶에서 여러 비슷한 순간을 겪으며 나이를 먹는다. 조르바의 여인들도 기쁜 순간, 슬픈 순간, 감동적이거나 쓸쓸한 모든 순간을 겪고 지나와 이곳 제주에 둥지를 틀었을 것이다. 나는 그녀들에게 그 어떤 것도 묻지 않기로 했다. 묻는다고 이것저것 답해줄 그녀들도 아니었지만, 굳이 말이 필요 없는 만남도 있다는 것을 알 것 같았다.

조르바 카페를 나오기 전에 나는 커피 한 잔을 더 주문했다. 이곳에서 내리는 커피는 조금 오래 기다려야 한다. 기다리는 동안에는 주변을 바라볼 수 있다. 마당에서 뭉치와 뒹굴던 아이는 어디선가 공벌레를 집어와 손바닥에 올려놓고 관찰 중이었다. 아들은 입버릇처럼 자기는 도시에서 태어난 아이라고 말했다. 그러면서 벌레를 잡거나 만지는 것을 별로 좋아하지 않는다고까지 했다. 그런데 제주에 온 며칠 사이 아이 속의 무언가가 변했다. 내 속의 조급함이 누그러지는 사이, 그 녀석에게도 말랑말랑한 변화가 있었나보다. 조금만 시간을 늦추면 바라보는 것만으로도 이렇게 다가오는 낙낙한 순간이 있다.

커피를 기다리고 있는데 바비야가 내게 시집 한 권을 가져다주었다. 시집에는 성산포의 이생진 시인이 쓴 「멋진 여인들」이라는 시가 수록되어 있었다. 두 여자를 모델로 쓴 재미난 시였는데, 두 여인의 만남에서부터 그동안 삶을 지켜본 시인의 애정이 듬뿍 담겨있었.

우리는 타인을 위로한답시고 부질없는 말들을 얼마나 많이 주고받는가. 마치 보여주기 위해 인증샷을 남기는 것처럼. 단지 옆에 존재한다는 것만으로도 위로가 되는 관계가 있다면 아마도 이런 모습일 것 같다. 그녀들 덕분에 나는 '자유'라는 것을 알게 됐다.

제주도에서 기다림과 외로움과
친구 되는 법

◎   굳이 재미있는 뭔가를 찾아 나서지 않아도 존재하는 그 순간을 즐기는 방법은 실로 간단하다. 아침에 일어나면 하루를 준비하는 일상적인 일들(예를 들어 커피 물을 올린다거나 창문을 열어 환기를 시키는 일 등)이 만들어내는 소리를 가만히 듣는 것이다.

일상이 시작되는 동안 조르바 카페의 두 여자는 이렇다 할 대화를 하지 않는다. 그런데 누가 보기에도 어색하다거나 너무 조용해서 차갑다는 느낌은 전혀 들지 않는다. 우리는 어색함을 깨기 위해 무턱대고 말을 꺼냈다가 미처 생각지도 않은 말들이 튀어나와 당황하거나 오히려 더 서먹해지는 일을 종종 겪지 않았던가?

굳이 말하지 않아도 평온함이 느껴지는 두 사람의 관계 속에는 요가와 명상이 있었다. 천혜의 자연이 주는 넉넉함 속에서 요가를 배우는 것도 특별한 경험이 될지 모른다. 요가에 취미가 없다면, 바람과 새 소리가 어우러진 비자림을 천천히 걸어보면 어떨까? 태곳적 자연의 숨결을 느끼며 명상의 시간을 가져볼 수 있다.

- **제주도 생활 체육회 요가 교실** 064-727-7330
- **천년의 숲, 제주 비자림** 북제주군 구좌읍 평대리 위치

Story 06

도시의 그녀, 어떻게
제주마을 이장이 됐을까?

금등리 이장 고춘희

뉘신지?	고춘희(여, 58세)
어디 살아요?	제주시 한경면 금등리
언제 왔어요?	제주 이민 11년 차
뭐해 먹고 살죠?	한경면 금등리에서 농사짓고 삼
얼마 들었죠?	8천만 원(집과 농사지을 땅 구입 포함)
전에 뭐했어요?	전형적인 대도시 직장인
청춘에게 할 말이 있다고요?	도시 삶도 나름 의미 있겠지만, 특용작물 재배가 가능한 제주에서 젊은이들이 새로운 도전을 하는 것도 의미 엄청 많음!

제주에서 나는 기꺼이 가 보지 않은 길로 방향을 틀었다.
가던 차를 멈추게 한 건 숱하게 이어진 흙밭이었다.
양파나 마늘처럼 둥글거나 오종종한 작물들이 두 눈 가득 차 올랐다.
제주가 특별한 이유는 짙푸른 바다나 돌담만이 아니다.
소금기 가득한 바람을 머금은 중산간의 초록 물결,
이것 또한 이 섬이 간직한 비밀이다.

제주 서쪽에는 한경면 금등리라는 작은 마을이 있다. 빠듯한 일정을 쪼개 이곳에 들른 이유는 풍광 때문만은 아니었다. 그녀를 만나고 싶었다. 고춘희 여사, 그녀 때문에 나는 그곳에 갔다. 도시에서 수십 년을 살다가 이 마을에 둥지를 틀었다는 삶의 이유를 확인하고, 여자 몸으로 이끄는 마을을 그대로 느끼고 싶었다.
제주 여행을 간다는 말에 지인은 그녀의 이야기를 시작했다.

- 자기가 만나보면 너무 좋을 제주 사람이 있어.
- 누군데? 뭐하는 사람이지? 남자야 여자야?
- 여자, 도시에서 살던 분인데 지금은 마을 이장이야.
- 텃세와 낯가림이 심하기로 알려진 제주에서 외지에서 온 사람이, 그것도 여자가 이장이라고?

제주에 대해 그동안 알고 있던 선입견과 알량한 편견을 떠올리며 나는 시큰둥하게 물었다. 그때 우리는 집에서 구운 피자와 내가 만든 샐러드로 점심식사를 함께 하던 중이었다.

- 농사를 지으면서 마을 이장 일도 보시는 거지. 제주의 친환경 농사법과 작물들이 궁금하지 않아?
- 친환경 작물이라……. 그런 비장한 인터뷰 주제를 가지고 내려가는 건 아닌데?
- 먹는다는 것은 농업적인 행위야. 제주의 농작물을 보면 생각이 달라질 걸? 난 자기가 꼭 만나고 왔으면 좋겠어. 무엇보다 같은 여자로서 너무 멋지지 않니?

음식이라면 '즐겁게 맛있게 먹으면 그만이다'라는 생각으로 30년을 넘게 살아오던 나였다. 다만 최근에 음식 다큐를 만들면서, 재료에 조금 눈뜬 건 사실이다. 햇살이 닿은 제주의 친환경 작물과 남자 못지않을 배짱 두둑한 그녀의 모습이 저절로 상상되어 기분이 상큼해졌다. 정말 가능하다면 내 눈과 손, 그리고 혀에 닿은 제주의 맛을 그대로 느껴보리라. 어느새 마음이 샤갈의 그림 〈산책〉 속 그 남자처럼 붕 떠올랐다.

- 금등리 마을 회관 앞에서 만나요, 내가 그리로 나갈게요.

도시에서 수십 년을 살다가 금등리에 둥지를 틀었다는 그녀의 삶의 이유를
확인하고, 여자 몸으로 이끄는 마을을 그대로 느끼고 싶었다.
그녀는 흡사 소년처럼 보였다. 짧은 커트 머리에 흰색 남방과 검은 바지를
입고 성큼성큼 걸어오는 그녀는 멋 내지 않아도 충분히 멋있었다.

금등리 이장 고춘희

해안도로를 따라 야자수로 유명한 금능 해수욕장을 지나자 곧 한경면 금등리로 접어들었다. 마을로 향하는 길은 선선하면서 푸른 기운으로 가득했다. 넘치거나 모자람 없이 적절한 나무들과 아늑한 오솔길도 거기 있었다. 중간 중간 검은 돌담 아래 아담하게 웅크린 집들을 보고 감탄하려는 찰나, 그녀가 저만치서 모습을 드러냈다.

아! 저런 위풍당당한 걸음걸이라니! 모름지기 섬에서 살려면 저 정도의 당당함은 있어야 하는구나…….

부러움과 감탄이 솟구쳤다. 나는 자연스럽게 내 모습과 차림새로 시선을 돌렸다. 그날 나는 고양이가 그려진 면 티셔츠에 발목까지 내려오는 긴 치마를 입고 있었다. 어떻게 이런 옷을 입고 왔나 싶은 부끄러움마저 들었다. 짧은 커트 머리에 흰색 남방과 검은 바지를 입고 성큼 성큼 걸어오는 그녀는 흡사 소년처럼 보였다. 멋 내지 않아도 충분히 멋있었다. 역시 멋은 과하지 않을 때 진짜 맛이 난다.

- 오셨습니까?

짧막한 그녀의 한마디가 신선하게 다가왔다.
만나서 반가워요, 오시느라 고생하셨죠, 식사는 하셨어요, 친하지도 않으면서 구구하게 설명을 늘어놓는 나의 습성이 조금 부끄러웠다. 청량

한 목소리와 당당함, 그럼에도 오만하지 않은 표정이 주는 살가움만으로도 충분했다. 마실이라도 가는 것마냥 나는 그녀의 집으로 따라갔다. 11년 전 도시에서 함께 귀향한 친구와 살고 있다는 그녀의 집은 편안함과 생기가 동시에 느껴졌다. 거실에선 금등리의 밭들이 한 눈에 내려다보였다. 공간에 훈훈함이 감돌았다.

- 이게 생긴 건 이래도 맛은 좋아요.

어린아이 주먹만 한 한라봉과 못생긴 귤을 쟁반에 담아 내왔다. 그녀가 직접 농사지었다는 둥글레로 만든 차를 권했다. 귤은 정말이지 볼품없이 생겼는데, 맛은 기가 막혔다. 식탁에 흔히 올라오는 붉고 탐스러운 과일들만 보던 나 같은 도시인을 온순하게 만드는 맛이었다. 밤 늦도록 불 켜진 대형 마트에서는 언제라도 탐스러운 과일을 사먹을 수 있다. 그것이 농약으로 코팅된 빛깔인지 어떤지 확인할 방법도 없이 우리는 그저 겉모양과 색깔, 포장에 현혹되기 일쑤다.

- 여긴 사계절 내내 농사로 바빠요.
- 사계절 내내 농사를 짓는다고요?
- 제주에서 2모작 3모작은 기본이고, 4모작까지 하는 곳도 있어요. 동쪽은 감자, 당근 이런 게 맛있고 이쪽은 해를 길게 받으니까, 밭작물은 다 잘되죠.

- 아, 그래서 구좌 당근이 그렇게 맛있었구나.
- 구좌에 갔었어요?
- 네, 구좌읍에서 막 갈아 내온 당근 주스를 먹었는데, 설탕 한 톨 넣지 않고도 맛이 기막히게 달았어요. 너무 달콤하고 부드러워서 우유 맛 같은 게 느껴졌어요.
- 제주 당근의 맛을 제대로 느끼셨네.
- 궁금한 게 있어요. 이곳에서 농사로 밥벌이가 되는지 그게 궁금해요.
- 자기가 살려고 하는 마음이 있는 게 가장 중요하죠. 이건 내 생각인데, 제주는 젊은 사람들에게 오히려 적합한 곳 같아요. 양파나 마늘 이런 건 널려 있으니까 파프리카나 브로콜리처럼 특용작물 쪽을 고려해도 나쁘지 않을 것 같아요.
- 젊은 사람들에게 농사를 추천한다는 말이네요? 사실 제주에 내려와서 다들 게스트 하우스나 카페 이런 것만 생각하니까…….
- 물론 농부가 되려면 부지런함은 기본이에요. 새벽은 물론이고 아침저녁 할 것 없이 밭을 돌봐야 하죠. 하지만 여자인 나도 했어요. 못할 게 뭐 있어요?

특이하게도 그녀는 네모난 안경을 쓰고 있었는데, 가까이서 보니 눈이 깊고 아름다웠다. 커트 머리에 실용적인 안경, 남자인지 여자인지 구분되지 않을 옷차림을 하고 있었지만, 소싯적에 미인이었을 거라는 생각이 스쳐갔다.

- 한 번씩 서울에 가긴 가는데, 난 이제 거기 답답해 못 살 것 같아. 내려오면 숨이 쉬어지지. 이렇게 말이야.

그녀를 좀 더 들여다보면, 사실 그 여자는 제주 사람이라고 할 수도 아니라고 할 수도 없다. 원적이 제주이므로 이곳 사람이기도 하고, 인천에서 태어나 줄곧 도시에서 생활했으니 제주 사람이 아니기도 하다. 물론 이 모든 것은 11년 전 이야기다. 도시에서의 삶을 접고 제주에 내려와 원적이 있는 한경면에 둥지를 틀었으니 누가 뭐래도 그녀는 이제 뼛속까지 제주 사람이다. 한때는 도시가 전부인 줄 알고 살았지만, 이제는 신발을 바꿔 신고 새로운 삶을 살고 있다. 멋스러운 구두를 벗어 던지고 편안한 자연을 신고 마을을 누비고 다녔다. 어려움이 없었다면 거짓말일 것이다. 조용히 농사 짓고 살아도 되는 것을 이장 일까지 맡았으니 왜 안 그럴까 싶었다.

- 처음엔 마음고생도 많이 했지. 그런데 내가 해야 할 일들이 많다는 걸 느꼈어요.
- 해야 할 일이라면 마을 분들을 위한 일인가요?
- 제주 여자들은 강해. 생존을 위해 어떻게든 살아온 습성이 남아 있어서. 하지만 그런 반면 대우를 너무 못 받는다는 생각이 들었어요. 내가 할 수만 있다면 그런 걸 좀 바꾸고 싶었지.
- 어떻게, 좀 달라지고 있나요?

- 처음엔 나를 믿어주지 않는 사람도 있고 만만치 않았어요. 마을 할머니들 일이라면 어디든 달려갔지. 소소한 심부름도 해주고. 내가 할 수 있는 건 아무튼 다 했어요.
- 마을 이장으로 선출될 정도면 이젠 인정을 받으신 거네요?
- 제주 여자들은 생각보다 합리적이야. 내가 잘하면 인정해주게 되어 있어요. 사람 사는 데야 어디든 마찬가지겠지만.

그녀는 제주 여자의 이성적인 면을 강조했다. 부모라 해도 자식들에게 전혀 기대거나 삶의 무게를 넘기지 않는다. 내 몸이 움직일 수 있는 한, 몸을 놀려 끼니를 때우고 삶을 이어간다. 그래서 당당하다. 지나치게 사랑을 쏟아 붓고 그만큼 되돌려 달라는 식의 과잉 애정은 당연히 없다. 부모와 자식도 독립된 인간임을 서로 인정하는 관계, 그들의 담담함이 무척이나 세련되게 느껴졌다.

동백꽃의 꽃말이 '영원한 사랑'이라고 했던가. 동백이 한창 질 때 제주를 찾아 섬 여자들을 만난 나는 동백이 사랑이 아니라 생의 에너지로 느껴졌다. 제주 여자들이 갖고 있는 싱싱한 삶의 에너지가 그곳에 지천으로 널려 있는 동백과 닮았다는 생각이 든 탓이다.

참으로 멋진 여인들이다. 남의 눈치를 보지도 두리번거리며 비교하지도 않고 오로지 자기 삶을 살고 있으니. 욕망만 가득할 뿐, 자기 삶에 집중하지 못하고 우왕좌왕하던 나는 정신이 번쩍 들었다.

 금등리 이장을 만나고 나오는 길에 야윈 몸에 피부가 검은 제주 할머

니들을 여럿 만날 수 있었다. 한 줌도 안 되어 보이는 몸으로 사뿐사뿐 걸어갔지만, 가냘픈 체형에서도 고집과 고독함이 묻어났다. 그럼에도 자연과 더불어 어우러지는 에너지가 실로 만만치 않았다. 나에게 도시는 현실이고 자연에서의 삶은 꿈이자 환상인 걸까? 부끄럽지만 인생의 어느 지점에서는 바다나 산을 보며 저렇게 나이 들고 싶다는 바람이 생겼다. 그리고 그곳이 제주였으면 좋겠다.

제주 인맥, 연애하듯
기브앤테이크(Give&Take)하라!

◎　　육지에서 제주로 간 사람들이 하는 말 중에 제주 사람들의 텃세를 들먹이는 경우가 있다. 그런데 내가 보고 겪고 느낀 제주 사람들은 생각보다 매우 따뜻한 면이 있었다. 그리고 무엇보다 선명하고 산뜻했다. 어떤 목적을 가지고 성급히 접근하지 않는다면 제주 사람들은 타인을 돕는 데도 인색하지 않다. 물론 여행자가 아닌 지역민으로 섞이려면 또 다른 이야기다.

살아온 환경이 다르고 품고 있는 정서가 다르기 때문에 당연히 다른 부분이 있을 것이다. 그것이 비록 힘들더라도 제주에서 온전히 살아가려면 지역민들과 어울려야 함은 필수다. 인맥이 재산인 제주에서는 지역사회에 관심을 갖고 자신의 눈높이를 이곳에 맞춰야 한다. 도시에서 왔다고 어깨에 힘을 준다 한들 누구도 알아주지 않는다.

11년차 제주 이민자이면서 금등리 마을을 이끄는 고춘희 이장은 제주에서 인맥 만드는 방법으로 성실과 진심을 꼽았다. 우편 업무를 대신해 준다거나 짐을 옮겨주는 등, 내가 할 수 있는 선에서 지속적으로 그들의 편의를 돕는다. 장기 연애의 스킬인 기브앤테이크(Give & Take) 법칙은 여기서도 통하나보다.

Story 07

제주 재이민, 감귤농사에서
해물라면으로 재도전하다

해물라면집 이진원

뉘신지?	이진원(남, 55세)
어디 살아요?	제주시 구좌읍 평대리
언제 왔어요?	제주 재이민 2년 차(1999년에 이민 경험 있음)
뭐해 먹고 살죠?	해물라면집 운영
얼마 들었죠?	살림집 8천만 원 + 가게 3천만 원
전에 뭐했어요?	청주에서 직장 생활. 1999년에는 제주에서 감귤농사를 4년간 지었음
요즘 뭐해요?	인생 2모작이 아니라 3모작 시대가 아니던가! 장성한 아들은 자기 삶이 있을 것이고, 인생의 반을 함께 해 온 사랑하는 아내와 제주 바다를 바라보는 낙에 빠져 지냄

섬도 눕고 바다도 눕고
날카롭게 서 있던 내 마음도 어느새 평평해지는 섬.
저만치서 바다가 말했다.
지금보다 천천히 살아도 된다고.

제주에만 있는 명산물이 있다. 나는 그것을 '수평'이라고 말하고 싶다. 아침에 잠자리에서 일어나 밖으로 나오면, 저만치 보이는 바다를 비롯해 모든 것이 수평이다. 가도 가도 끝도 없이 이어진 검은 돌담이나 바닷가에서 마을로 이어지는 해안길, 그뿐이 아니었다. 먼 바다에서 떠밀려온 미역처럼 보이는 낯선 해초마저도 철퍼덕 수평으로 누워서 밀려왔다. 마을 곳곳을 삥 둘러싸고 있는 노란 유채밭 풍경도 마찬가지다. 처음에는 잘 느끼지 못했는데, 그 수평의 풍경은 마음을 차분히 내려놓게 만드는 묘한 힘을 가지고 있다. 그 풍경 속에서 시간은 느리게 흘러갔다. 때마침 불어온 바람 한 자락이 내 머리칼을 훑고 지나갈 때, 나는 속으로 이렇게 말했던 것 같다.

아, 이대로 드러눕고 싶다. 여기에.

그런데 정말 내 말처럼 이대로 드러누운 것 같은 건물 한 채가 눈에 들어왔다. 구좌읍 평대리 바닷가 앞에 털썩 자리 잡은 가건물. 가만히 보니 그곳에서는 라면을 팔고 있는 것이 아닌가. 해안 도로를 따라 하염없이 걷던 나와 아이는 조금 지쳐있기도 했다. 눕고 싶다는 마음과 약간의 허기로 다리가 풀어질 무렵, 나는 물끄러미 서 있는 아이에게 말을 걸었다.

- 라면 먹고 갈래, 우리?
- 에이, 맛있는 거 사준다면서?
- 라면이 어때서 그래?
- 라면 안 먹을 거야.
- 난 먹을래, 라면.
- 그럼, 엄마 먹는 동안 난 뭐하라고?
- 뭐하긴. 저기 수평 바다가 있잖아.

라면을 먹을 참으로 가게에 들어선 뒤, 비어 있는 테이블에 자리를 잡았다. 들어설 때는 몰랐는데 안에서 보니 사각 프레임 형태로 만들어진 커다란 창문 밖으로 수평의 바다가 훤히 보였다. 창문 앞에 앉고 싶었지만, 다른 손님들이 있어 그러하지 못했다. 나는 전복 라면과 해산물 라면을 놓고 고심한 끝에 후자를 택했다. 그 사이 바닷가 쪽의 자리가 비었다. 냉큼 일어나 아까부터 욕심냈던 자리로 이동했다.

아! 사각 프레임을 통해 끝도 없이 뻗은 해안 도로와 먼 바다가 그대로 눈에 들어왔다. 푸른 바다는 검은 바위를 감싸 안았고, 파도가 부딪칠 때마다 바위 주변으로 하얀 거품들이 부서지길 반복했다. 그 먹먹한 시간 속에서 나는 하염없이 평온해졌다.
물끄러미 바다를 바라보는 내게 주인 남자가 말을 시켰다.

- 거기 하루 종일 앉아 있어도 지루한 줄 모르죠. 라면 나왔어요. 손님.

50대 중반 정도로 보이는 주인 남자는 라면 냄비를 슬쩍 내려놓고 돌아섰다. 해산물 라면을 시키길 잘한 것 같다. 커다란 새우나 홍합, 오징어는 그렇다 쳐도 제주에서만 볼 수 있는 뿔 소라나 납작하게 썬 문어가 냄비 안에 그득했다.

- 해산물은 어디서 구해 오세요?
- 제주가 좋은 것 중 하나는 신선한 먹거리가 넘쳐 난다는 거예요. 포구나 새벽시장에서 공수해 오기도 하지만 문어는 제가 직접 바다에 들어가서 잡아온 겁니다.
- 문어를 잡는다고요?

마침 그 말을 하는 순간, 사각 프레임 너머로 마을 해녀 세 명이 줄지어 지나갔다.

사각 프레임을 통해 끝도 없이 뻗은 해안 도로와 먼 바다가 그대로 눈에 들어왔다. 푸른 바다는 검은 바위를 감싸 안았고, 파도가 부딪칠 때마다 바위 주변으로 하얀 거품들이 부서지길 반복했다. 그 먹먹한 시간 속에서 나는 하염없이 평온해졌다.

주인 남자는 세상에서 부러울 것이 없다고 했다. 동반자인 아내와 좋아하는 바다를 실컷 보며 마음 편히 살고 있으니 말이다. 나이 오십이 넘어서까지 눈을 맞추는 부부가 있다니, 나로서는 그것 또한 신기한 일이었다.

- 저 분들 좀 봐요. 저래 씩씩해 보이지만 나이가 대부분 70을 넘긴 분들이에요. 여기서 소라를 따거나 문어를 잡는 일은 일상이에요. 물때만 잘 만나면 낮은 바다에 널려 있다고요.

팔딱거리는 해산물이 지천에 널렸다고? 물고기 한 마리 파 한 뿌리를 사더라도 마트에서 포장된 것을 사다 먹는 내게 그런 귀한 것들이 널려 있다는 말은 무척이나 비현실적으로 다가왔다. 인스턴트 라면에 제주산 문어와 소라를 접목시킨 주인 남자는 원래 제주 사람일까, 아니면 제주 이민자인 걸까? 나는 궁금한 마음에 내처 물었다.

- IMF가 터졌던 1999년이었어요. 회사에서 구조조정으로 대기발령을 받고, 무모한 심정으로 아내와 함께 제주에 내려왔어요. 회사 다닐 때 외국으로 출장을 많이 다녔어요. 그러다 보니 자연과 사람이 어우러진 곳이나 이국적인 풍경에 마음을 잘 빼앗겨요. 내려오기 몇 해 전에도 제주에 잠깐 여행을 왔었는데, 나이 들면 이런 곳에서 인생 후반기를 보내고 싶다는 생각을 했었죠.
- 그때도 내려와서 식당을 하셨어요?
- 아니에요. 그땐 '가시리'에서 감귤 농사를 지었어요. 10여 년 전이기 때문에 막연히 농사를 지어볼까 생각만 앞섰던 거죠.
- 그런데 왜 라면집을 하게 된 건가요?
- 가시리에서 4년 정도 살고 나서 다시 도시로 올라갔어요.

- 그럼, 쭉 제주에서 사신 건 아니군요?
- 농사도 힘들던 차에, 마침 회사 복직 명령이 떨어졌어요. 이 정도 누려봤음 됐다는 마음으로 제주를 떠난 거죠. 신기한 건 말이죠. 올라갔는데 자꾸 제주 생각이 나는 거예요. 제주 할망이 부르는 건지, 돌 하나 풀 한 포기가 다 생각나더라고.
- 그러니까 결국 못 잊어 다시 내려오신 거군요.
- 아내랑 본격적으로 의논을 했어요. 나는 제주에 가서 살아야겠다. 아들 하나 있는데 그 놈도 다 컸고. 그토록 그리운데, 안 내려가고 있을 이유가 없더라고. 그때부터 부지런히 준비했어요. 틈틈이 내려와서 땅도 알아보고 나에게 맞는 지역이 어딘지 고민하고 또 고민해서 정착한 곳이 바로 여기에요.
- 정착하는데 돈이 얼마나 들었는지 궁금해요.
- 그건 천차만별일 것 같은데요? 우리만 해도. 이 라면집은 손수 지었어요. 여기 리모델링이나 건축비가 만만치 않아요. 오죽하면 제주에서 돈 번 사람은 인테리어 업자뿐이라는 말이 있겠어요. 내려올지 아닌지부터 결정할 일이지, 정착 비용을 딱 얼마라고 정의내리긴 힘들어요. 적게 들면 내려오고 많이 들면 안 내려올 건가? 다 살기 나름이에요.
- 살기 나름이다, 노력하기 나름이라는 말인가요?
- 도시 사람 티 내면서 잘난 척하면야 아무도 안 도와주겠지만, 여기 사람으로 살 마음만 있으면 누구라도 두 손 걷어 붙이고 도와줄걸요?

- 문제는 돈이 아닌 거네요?
- 내가 진짜 살고 싶은지가 중요한 거예요. 일단은 내려와 살아볼 일이지. 겪어보지 않고는 누구도 알 수 없는 곳이 제주니까.

주인 남자 왈, 자기는 세상에서 부러울 것이 없다고 했다. 젊을 때는 누구보다 열심히 일했고, 지금은 동반자인 아내와 좋아하는 바다를 실컷 보며 맘 편히 살고 있으니 말이다. 그래선지 주방에서 라면을 삶는 아내와 그는 무척이나 사이가 좋아 보였다. 하다하다 이젠 제주도까지 내려가서 라면을 끓이라는 거냐고 불평할 여자도 있을 테지만 여자의 얼굴에는 웃음이 가시지 않았고 부부는 이따금씩 눈을 맞추었다. 나이 오십이 넘어서까지 눈을 맞추는 부부가 있다니 나로서는 그것 또한 신기한 일이었다. 정녕 이 모든 것은 마음을 내려놓게 하는 바다 때문일까?

해물라면집 이진원 113

- 제주 사람들이 가장 많이 하는 말이 뭔지 아세요? 지 노력하면 밥은 먹고 산다! 먹을 것은 지천으로 널려 있으니 자기가 노력하면 다 살아진다는 말이에요.
- 결국 살면 살아진다는 그 말이군요.
- 육지만큼 벌지 못해도 다 자기 만족하기 나름이에요. 나는 바다가 눈앞에 있는 여기가 그렇게 좋을 수가 없어요. 하루에 바다색이 열 번도 더 바뀌니까. 생각해 봐요? 바다를 보면서 라면 먹을 수 있는 곳이 여기 말고 또 어디 있겠어요?

다 식어버린 라면 냄비를 쳐다보다가 문득, 도시에서의 하루가 그려졌다. 퇴근 시간이면 꽉 막히는 자유로 위를 달리는 미어터지는 버스 안에서 바라본 수직으로 솟은 아파트들. 어쩌면 가장 화려한 곳이면서도 처절한 고통이 흐르는 지옥일지도 모를 그 도시 말이다.

역시 떠나보지 않고는 모를 일이다. 늘 뭔가 불안하고 초조했는데 그것이 수직으로 솟은 도시와 건물들, 그 안에서 팽팽해진 내 신경 때문인지 나는 미처 몰랐었다. 조급함에 떠밀려 제주까지 내려왔다. 그리고 나는 이곳에서만 접할 수 있는 명산물을 만났다. 모든 것을 눕게 만드는 수평의 미학. 다만, 마음속에 수평의 선 하나를 담았다는 것만으로도 흐뭇해진 날이다.

제주에서
농사짓기 vs 장사하기

◎ 막상 제주 이민을 결심한다면 먼저 해결해야 할 문제는 생업이다. 제주로 유입되는 인구 중 예술가와 같은 자유로운 영혼들이 아닌 경우, 결국 우리는 두 가지 길 중에 하나를 택해야 한다. 농업 혹은 상업이 그것이다. 가끔 제주에 내려와서 취업하는 경우가 있긴 하지만, 도시에서처럼 직장에 들어간다는 것이 결코 쉬운 일은 아니다.

해산물 라면 가게를 운영하는 이진원 씨네는 10여 년의 터울을 두고 농업과 상업을 모두 겪었다. 그럼, 제주에서 농사와 장사의 차이점은 뭘까? 두 가지를 비교하는 것이 조금 무리는 있지만, 농사는 순응하는 삶의 자세가 필요한 일이고, 장사는 아직 틈새시장이 무한하다는 것. 하지만 무엇보다 중요한 것은 농사든 장사든 함께 일하는 파트너, 즉 진원 씨에게는 부인과 마음이 통하는 것이라고. 손발이 맞아야 박수도 친다.

- **해물라면집** 제주시 구좌읍 평대리 2033-19/ 064-782-7875
- **제주 농업기술원**(영농 상담 및 교육정보 열람 가능) www.agri.jeju.kr
- **농업기술원 동호회** http://club.agri.jeju.kr

Story 08

제주에서 해녀를 만난 적이 있나요?

협재 해녀 할머니

뉘신지? 협재 해녀(여, 76세)
어디 살아요? 제주시 한림읍 협재리
언제부터 물질했어요? 7~8살부터 헤엄치는 연습 시작
15~16살 경부터 독립된 해녀로 물질했음
40살 전후 가장 활발한 활동했음
80살이 가까운 지금도 농삿일을 겸하며 물질함

우리들은 제주도의 가이 없는 해녀들
비참한 살림살이 세상이 알아
추운 날 더운 날, 비가 오는 날에도
저 바다의 물결 위에 시달리던 이내 몸……

- 해녀(海女)의 노래 중에서

며칠째 비가 내렸다. 도미토리(기숙사를 뜻하는 2만 원 짜리 숙소)에 누워 있으면 빗소리가 강하게 들렸다. 그래도 '무섭다'는 생각이 든 것은 비가 아니라 강한 바람 때문이었다. 내가 머물던 곳은 바닷가에서 조금 떨어진 한경읍 신창리라는 마을이다. 동네 한 가운데에는 커다랗고 오래된 나무가 있는데, 어둠 속에서 이따금 잎이 흔들리는 소리는 무섭다는 말 외에는 적당한 표현을 찾을 수 없었다.
나는 몸을 웅크린 채로 스마트폰으로 일기예보를 검색했다. 강풍을 동반한 비가 계속 될 거라는 반갑지 않은 기사가 떴다. 한숨이 새어 나왔지만, 모든 것은 마음먹기에 달려 있으니 나쁠 것도 없는 일이었다. 비로 인해 일정이 틀어진다면 하루 정도 늘어져도 좋다.

- 일어났네요? 아들도 그렇고 둘 다 곤히 자길래 안 깨웠어요.

게스트 하우스의 안주인이 조용히 웃으며 말했다. 그녀는 우렁이 각시처럼 몰래 아침 식사를 차리고 있었다. 잠든 여행객을 깨우지 않으려는 배려가 느껴졌다. 방송 일과 육아를 함께 하면서 몹시 지쳐있을 때, '나도 아내가 있었으면 좋겠다'는 상상을 하곤 했다. 오늘 아침이 딱 그랬다. 누군가 차려 준 한 그릇의 밥에 흐린 날의 무기력함은 가볍게 날아가 버렸다.

대게의 제주 게스트 하우스는 조식으로 빵과 잼, 그리고 커피나 오렌지 주스 같은 음료를 제공한다. 그런데 이곳에서는 가마솥에 직접 끓인 곰탕을 내어 준다. 오랜 여행에서 이런 아침 식사는 호사다. 인생에서 가장 평온한 시기를 보내고 있다는 안주인은 자신이 갖고 있는 여유로움을 여행객들에게 나눠주고 있었다. 며칠째 이동과 만남을 반복하느라 제대로 챙겨 먹지 못한 시간을 보상받듯 나는 곰탕에 밥을 말아 게걸스럽게 먹어치웠다.

그리고 오전 내내 빈둥거리던 우리는 다음 날 머물 숙소도 예약할 겸 협재로 향했다. 날이 잠시 개는 듯하더니 조금씩 빗방울이 굵어지기 시작했다. 문득 방파제가 시선에 들어왔다.

- 어, 저기 뭐하는 분들이지?

나는 눈을 크게 뜨고 방파제 너머를 뚫어지게 바라보았다. 가만보니, 검은 잠수복을 입은 여자들이 하나 둘 바다에서 올라오고 있는 것이 아닌가? 해녀의 물질을 가까이에서 직접 본 적이 없는 나는 강렬한 호기심에 이끌렸다. 더욱이 비가 내리는 포구는 아름다웠다. 우와! 기묘한 소리를 내며 감탄할 만큼 바다색은 유독 깊고 푸른빛을 띠었다. 물론 먼발치에서 본 나의 철없는 감상일 것이 뻔하다. 다만 그 순간의 풍경은 내게 깊은 인상을 남겼다. 푸른 물결 위로 빈 배들이 출렁이고, 검은 잠수복을 입은 해녀들은 무척이나 싱그럽게 느껴졌다.

- 가보자, 해녀가 나온다.
- 해녀가 뭐하는 사람인데?
- 해녀? 텔레비전이나 책에서 본 적 없니? 바다 속에 들어가 해초나 어패류를 따는 여자들이야. 그것도 손으로.
- 손으로? 그럼 맨 손으로 다 잡을 수 있어?
- 가보면 알지.

방파제로 걸어가는 사이, 비는 더 굵어졌고 강한 바람이 옷자락을 휘감았다. 멀리서 볼 때 그토록 아름답던 풍경은 바다가 가까워지자 점차 을씨년스럽게 느껴졌다. 마침 해녀인 아내를 마중 나온 듯한 노인 한 분이 우리보다 먼저 방파제에 서 있었다. 해녀의 딸과 어린 손녀로 보이는 모녀도 우산을 받치고 마냥 기다리는 중이었다. 바다를 본 적만 있지 겪은 적이 없는 나는 그저 입 다물고 있을 뿐이었다.
얼마나 지났을까? 방파제에 가까워진 해녀들이 하나 둘 휘- 하는 숨비 소리를 내며 바다 위로 올라왔다. 그때, 나는 지금 바다에 왔다는 사실이 어딘지 비장하게 느껴졌다. 죽음의 문턱까지 참았다 내쉰다는 그 숨소리는 언뜻 듣기에는 휘파람처럼 경쾌했지만, 귀 기울여 들으면 그것은 탄식이었다. 무엇 때문인지 나는 얇은 점퍼를 여미며 어깨를 움츠렸다.

그때, 어쿠 소리를 내며 아까 그 노인이 해녀의 망사리(채취한 해산물을 담는 망)를 받아들며 앓는 소리를 했다. 차가운 바다 속을 온 몸으로 헤엄쳐 저 무거운 것을 따온 사람도 있는데 너무 엄살이 아닌가 하는 생각이 들었다. 아니나 다를까 망사리를 넘기고 성큼성큼 걸어가는 해녀 아내를 따라가는 남편은 안달을 부리며 종종 걸음으로 따라갔다. 해녀는 "됐다"는 식의 짧은 한 마디를 던지고 다리를 절뚝이며 앞서갔다. 잠수복에서는 물이 뚝뚝 떨어졌다.

— 거기, ……수꽝!

그들이 사라지는 모습을 꿈결처럼 보고 있는데, 뜻하지 않게 한 여인의 목소리가 들려왔다. 정확히 무슨 말인지 알아들을 수는 없지만 방파제 아래서 막 올라온 해녀가 나를 보며 손짓을 했다. 나는 두리번거리다가 거기 나밖에 없음을 확인하고는 얼른 달려갔다. 고무 잠수복을 입은 해녀의 망사리는 두 개였다. 가만 듣고보니 거기 서 있을 거면 망사리를 하나만 받아달라는 이야기 같았다.

협재 해녀 할머니

- 제가 올려 드릴게요. 이리 주세요!

그 순간 감상이 싹 날아갔다. 언뜻 보니 뿔소라며 이런저런 해산물들이 가득 들어차 있었다. 과연 저 망사리를 내가 올려낼 수 있을까 하는 생각만이 뇌리를 스쳐갔다. 아이가 한 발짝 뒤에서 보고 있었다. 깊은 바다 속에서 여기까지 품고 온 해녀도 있는데, 겨우 방파제 위로 끌어 올리지도 못한다면 내가 너무 부끄러울 것 같았다. 나는 온 힘을 다해 그녀가 밀어 올리는 망사리를 끌어당겼다. 허둥지둥 힘을 쓴 끝에 임무를 완수한 나는 그만 바닥에 털썩 주저앉았다. 그런 나를 바다에서 막 나온 해녀가 물끄러미 바라봤다. 정신이 혼미해서인지 퍼붓기 시작하는 비 때문인지 그 표정은 마치 이 세상 사람의 얼굴 같지 않았다.

- 바다 속에서 얼마나 오래 계신 거예요?
- 8신가.
- 오후 3시가 다 되어 가는데, 그럼 6시간 동안이나 물질을 하세요?
- ……
- 그런데요, 연세가 어떻게 되세요?
- 일흔 여섯.
- 세상에! 그 연세에 어떻게 물에 들어가세요?

육지에 나와 겨우 숨을 돌리려는데, 웬 낯선 여자가 자꾸만 말을 시키니 귀찮을 법도 했다. 아마 평소의 그녀라면 대답조차 안 해주었을지 모른다. 남의 도움을 받거나 폐를 끼치는 걸 극도로 싫어하는 제주 여자들이라고 들었다. 어쨌든 자신의 망사리를 끌어올려준 데 대한 보답처럼 느껴졌다.

그때였다. 해녀 할머니가 내 아이에게 손짓을 하더니 망사리에서 무언가를 주섬주섬 꺼냈다. 세상에나 그 귀하다는 홍해삼과 뿔소라였다.

- 할머니 이거 저희 주시는 거예요?
- ……
- 와! 소라다, 소라! 엄마 이거 만져봐도 되는 거야?
- 가만 있어봐. 추운데 고생하신 건데 왜 저희를 주세요?
- ……

- 안 그러셔도 되는데, 도와드린 것도 별로 없는데.
- …….

줄곧 이어지는 내 물음에 그녀는 아무런 대답도 하지 않고 휘적휘적 걸어가며 멀어졌다. 무릎도 성치 않아 보였다. 몸이 그대로 드러나는 고무 잠수복을 툭툭 털며 멀어지는 그 모습은 바다 풍경과 어우러져 쓸쓸함을 자아냈다.

- 엄마, 이거 우리 가져가라고 주신 거야?
- …….
- 근데, 이거 정말 이상하게 생겼다. 말랑말랑한데 손이 닿으면 단단해져.
- …….
- 엄마, 근데 왜 말이 없어?

평소 같았으면 아이의 물음에 덧붙여 이런저런 대답을 했을 나였지만, 그날은 유독 아무 말도 하고 싶지 않았다. 그리고 보니 협재 해녀가 내게 남긴 말은 단 두 마디였다. 구구절절 긴 말이 아니어도 전할 수 있는 것들은 너무나 많다. 그동안 내가 너무 많은 말들을 쏟아내고 살아온 건 아닌지 씁쓸한 기분마저 들었다. 어떻게 사는 것이 잘 사는 것인지 나는 지금도 알 길이 없다. 마음 속에 울림이 컸다.

협재 해녀 할머니

그날 저녁, 숙소에 돌아와 우리는 해녀에게서 얻은 홍해삼을 썰고, 뿔소라를 삶아 먹었다. 마침, 그날은 먼저 제주에 내려와 머물고 있는 정 작가가 찾아오기로 한 날이었다. 그녀는 동네 마실 나가서 얻어온 딸기 한 아름을 내밀며, 제주 여자처럼 말했다.

- 밭에서 막 따온 거래. 다음에 올 땐 마늘종도 좀 가져다 줄게.

홍해삼 한 접시는 금세 바닥났다. 삶은 소라와 얻어온 딸기를 상에 올려놓고 우리는 두어 시간 가량 이야기를 나누었다. 그녀는 제주에 사는 것이 만만치 않다는 이야기를 했다. 그럼에도 제주가 자꾸 좋아진다고 했고, 나는 낮에 만난 해녀 할머니의 이야기를 꺼내 놓았다.

- 제주에 해녀 학교가 있다는데 거기를 한 번 가볼까 봐.
- 해녀 학교라면 해녀들이 선생님인 건가?
- 아마도 그렇겠지. 참 언니, 제주 해녀의 말이 짧은 이유를 알아? 그건 바람 때문이래.
- 아, 바람…….

그녀도 나도 말 없이 고개를 끄덕였다. 비는 여전히 내렸고 삶은 소라는 쫄깃했다. 물결 위에 시달리던 이 내 몸…… 어디선가 해녀의 노래가 들려오는 것 같다.

바다의 어멍,
제주 해녀의 숨비 소리를 들어라!

◎ 나약한 여자의 몸으로 물질을 하거나 농사를 지으며 가정경제를 도맡아 온 제주 해녀에 대한 기록은 1629년 『제주풍토기』나 『규창집』에서 잠녀(潛女)라고 쓰인 문헌에서 찾아볼 수 있다. 그녀들은 제주 경제사에 한축을 담당해왔고, 일제 강점기에는 제주해녀항일운동을 일으키며 당시 식민지 수탈정책에 항거하기도 했다.

이러한 강인함과 근면성은 제주 여성의 상징이지만, 그녀들의 삶은 사회적으로 저평가 된 것이 사실이다. 진짜 제주가 궁금하다면 거친 바다를 가르는 제주 해녀의 숨비 소리에 먼저 귀 기울여 보는 건 어떨까?

- **한수풀 해녀 학교(제주시 한림읍)**
  064-739-1232(해녀체험장 운영) | cafe.daum.net/jejudiver
- **해녀 박물관(제주시 구좌읍)**
  064-782-9898 | http://www.haenyeo.go.kr
  해녀노래한마당 | 공연 매주 토요일 오후 3시~4시

Story 09

장애인에게 제주 이민이란?
조금 불편해도 괜찮아

공예작가 공민식

뉘신지?	공민식(남, 53세)
어디 살아요?	제주시 구좌읍 동복리
언제 왔어요?	제주 재이민 3년 차
뭐해 먹고 살죠?	공방 '아낌없이 주는 나무' 운영
얼마 들었죠?	5천만 원 미만
전에 뭐했어요?	미대에서 회화 전공 후 애니메이션 감독
혼자 왔어요?	혼자 내려왔음. 도시에서 가족의 삶을 지키는 아내와 큰 아들에 감사함
꿈이 있나요?	제주에서 장애인 공동체를 만드는 것

누군가 내게 말했다.
요즘 난 너무 불행한 것 같아.
나는 무심한 표정으로 물었다.
왜 그런 생각이 들어?
좋은 것도 없고 싫은 것도 없고 뭘 해도 재미가 없어.
말해봐. 행복은 대체 누구의 것이지?
그걸 몰라서 물어? 아리스토텔레스가 말했잖아.
행복은 스스로 만족하는 사람의 것이라고.

제주에 간다고 했을 때, 이미 그곳을 다녀간 많은 사람들은 올레길에 대한 감상을 떠올리며 저마다 열을 올렸다. 올레길 몇 번 코스가 좋다거나 어디 맛집에 들러 꼭 먹어보라는 둥 각자 올레 소식통을 자처하기도 했다. 그런데 나는 그런 코스가 다 무슨 소용이 있을까 싶은 마음이 든다. 올레든 절레든 내가 가고 싶은 곳이면 그만이 아닐까.

마침 오후에 목수 아저씨 한 분을 만나기로 한 것 외에는 아무 일정이 없었다. 이제 제주 여행도 막바지로 접어들었고, 이곳에 머물 날도 얼마 남지 않았음에 마음이 조급해졌다. 어디라도 가고 싶었다. 이럴 때 가장 좋은 핑계는 아이다. 녀석이 원하는 곳으로 목적지를 정하면 그것은 꽤 적당한 핑곗거리가 된다.

아이는 집에서 가져 온 스케치북을 펼쳐 놓고 그림을 그리고 있었다.

'제주에 살어리랏다'라는 글씨가 눈에 들어왔다. 섬을 배경으로 한라봉과 성산일출봉이 묘하게 어울렸다. 나는 꽤 흡족한 마음이 들어 머리를 쓰다듬으면서 아이에게 상냥한 톤으로 물었다.

- 오늘은 네가 가고 싶은 데로 가자. 어디든.
- 정말 어디든?
- 좋아, 어디든 가자고.
- 동굴에 가자 그럼. 제주에 가면 동굴이 있다고 했어.
- 아뿔싸! 바다도 오일장도 아닌 동굴이라니!

우리는 곧 동굴에 도착했다. 나는 습하고 어두컴컴한 곳을 그리 좋아하지 않는다. 그러나 아이의 말에 내심 실망했어도 어쩌랴. 어디든 가겠다고 이야기한 건 나였다.
약속한대로 신창리에서 멀지 않은 한림공원을 찾았다. 하늘 높이 치솟은 야자수 길을 지나자 정말로 어두컴컴한 동굴로 향하는 표지판이 나왔다. 협재굴과 쌍용굴, 대체 왜 아이들은 이런 곳을 좋아하는 걸까? 옷장이나 침대 밑에 숨는 것도 모자라 어둡고 습한 동굴이라니! 못마땅한 얼굴로 동굴 입구에 들어서는 나와 달리 녀석은 호기심이 가득한 눈으로 성큼 앞서 걸었다. 침묵으로 가득 찬 길고 어두운 이 공간이 나는 무척이나 불편했다. 불빛에 의지해서 한 발씩 내딛고 있었지만 팔에 소름이 돋는 것은 도리 없는 일이었다.

- 가자, 이제 그만.
- 모자상이 있다는데, 엄마?
- 머리에 쓰는 모자?
- 아니, 엄마가 아이를 안고 있는 모자(母子).

그때 어둠 속에서 익숙한 형상이 눈에 들어왔다. 정말이지 어머니의 품에 아기가 안긴 모습이었다. 자연은 참으로 신비하다. 인위적으로 조각하려 해도 쉽지 않은 저런 형상을 만들어 내다니 새삼 놀라웠다. 그 사이 아이는 저만치 앞서서 두 마리의 용이 지난 흔적이라는 쌍용굴을 헤집고 다녔다.

동굴 안은 군데군데 물이 고여 있었다. 내가 바라는 것은 얼른 이곳을 빠져나가는 것뿐이었다. 긴 통로를 거쳐 입구로 막 나오게 되었을 때, 한줌의 햇살이 얼굴로 쏟아졌다. 주체할 수 없이 기뻤다. 영화 〈쇼생크 탈출〉의 한 장면이 떠올랐다. 공포는 당신을 죄수로 만들 수 있다! 창피스러운 이야기지만 어른이 된 지금도 나는 어둠이 무섭다.

가까스로 동굴을 나와 겨우 한숨을 돌렸다. 햇빛을 볼 수 있다는 것만으로도 무척이나 만족스러웠다. 역시 행복은 스스로 만족하는 자의 것이라는 말이 딱 들어맞는 순간이다.

구차하게 찾아온 행복한 감상에 젖는 순간 전화 한 통이 걸려왔다. 오후에 만나기로 한 목수 아저씨, 그러니까 목공예 하는 공민식 작가의 전화였다.

- 점심은 드시고 오실 겁니까?
- 네, 2시나 되어야 도착할 것 같아요.
- 김녕 해수욕장 아시나요? 모르시면 네비게이션에 구좌읍 동복리 입력하세요.

미술을 전공하고 서울에서 애니메이션 감독으로 재직하다 제주에 입도했다는 그는 전날보다 매우 친절했다. 이민 2년 차인 그를 며칠 전, 조르바 카페의 두 여인과 함께 방문한 아동복지센터에서 본 적이 있다. 그러나 그것이 전부였다. 조르바의 여인들이나 공민식 작가 모두 그곳에서 재능기부를 한다고 했다. 문화나 예술의 접근이 육지보다 부족한 제주 지역 청소년들에게 자신이 잘할 수 있는 것을 나눠주는 일이었다.

그런데 그가 나눠주는 재능은 애니메이션과 무관했다. 애니메이션 감독 출신인 그는 만화창작이 아닌 목공예를 가르치고 있었다. 왜냐고 묻는 내게 그는 짧게 대답했다.

- 목수니까.

그렇게 얼떨결에 맺은 인연이었다. 공방에 도착한 시간은 오후 2시 30분. 약속 시간을 30분 가량 넘겨 공방 앞마당에 다다랐다. 다행이 나무로 만든 문이 열려 있었다. '아낌없이 주는 나무'라고 쓰인 팻말이

달린 문을 조심스레 삐걱 열었다. 상상 속 이상한 나라가 현실이 된 것처럼, 공방은 시간이 멈춘 듯 생경한 느낌을 주었다. 엷은 나무 냄새 때문인지 어째 눈이 스르르 감겼다. 그와의 두 번째 만남이 이어졌다.

- 가슴이 답답해서 이러다 죽겠지 싶었어요. 통증이라고 해야 하나. 더는 못하겠더라고요. 살 궁리를 찾아야했어요.
- 제주 말고 다른 곳도 생각해 보셨어요?
- 서울을 떠나 자연 속에서 숨 쉬고 살자 마음먹은 후에, 전국을 돌

면서 딱 3곳을 골랐어요. 봉화, 함양 그리고 제주 이렇게 세 군데였죠.
- 나머지 두 곳도 참 좋은 지역이잖아요. 왜 제주인가요? 저는 이민자들을 만나면, 항상 그게 제일 궁금해요.
- 제주 바다가 늘 마음속에 있었던 것 같아요. 먼저 내려온 아는 형이 저를 부른 것도 있지만, 아무리 보고 또 봐도 제주 바다만한 곳은 없는 것 같아요.
- 그래도 애니메이션 감독에서 목수로 전향한 건 너무 뜬금없지 않나요?
- …….

그가 잠시 말을 멈추었다. 내가 불편한 질문을 한 건 아닌지 걱정이 될 무렵, 목수가 된 만화가는 나지막이 이런 말을 했다.

- 제주는 준비된 자에게는 새로운 인생을 시작할 수 있는 곳이에요.
- 준비된 자라고요?
- 도시에서 놀고 먹던 사람이 도피하듯 내려오는 곳이 아니에요, 여긴. 나 역시 젊을 때 누구보다 열심히 일했고 그만큼 자유를 갈망했어요. 애니메이션 쪽 일을 하면서 틈틈이 목공예를 배웠는데, 처음에는 그게 예술에 대한 욕망인 줄 알았어요. 그런데 하다보니 내게 이보다 맞는 일이 없는 거야. 사실 우리 아버지도 할아버지도

목수였어요.
- 두 분 다 목수였다고요?
- 나중에 알고보니 그렇다고 하대요. 그러고 보니 차 한 잔 대접 안 했네! 커피 한 잔 할래요?

그가 커피를 내왔다. 그런데 커피를 내오는 손이 불편해 보였다. 그는 한 손으로 커피를 타고 또 그 손으로 잔을 들어, 내게 건넸다. 나의 시선을 느꼈던 건지 아이가 그의 팔을 물끄러미 쳐다보며 멋쩍게 물었다.

- 그런데 아저씨 팔이 왜 그래요?

나는 아이에게 눈을 찡긋하는 제스처를 취했다. 그는 장난스러운 표정으로 아이에게 자신의 팔을 뻗었다.

- 만져볼래? 아저씨 팔 되게 시원하거든?

그는 왜 팔이 불편하게 되었는지, 한 손으로 어떻게 만화를 그려왔으며 지금 나무를 조각하고 있는지, 묻고 싶은 게 너무 많았지만 선뜻 물어보지 못했다. 내 마음을 읽은 건지 그가 먼저 묻지도 않은 이야기를 찬찬히 들려주었다.

- 뇌수술을 하고 한쪽 팔에 감각이 없어졌죠. 그래도 연애는 했고, 지금의 아내와 결혼도 했어요. 나는 참 행복한 사람이지 그러니까. 아까 제주도에 왜 왔냐고 물어봤죠? 우리 막내 아이 때문이에요. 7살인데, 갑상선 저하증으로 아직 말을 잘 못해요. '아낌없이 주는 나무'라는 공방 이름도 그래서 내게 희망이고 꿈이에요. 나 역시 장애를 앓고 있고, 내 아이도 아파요. 언젠가 장애인들과 함께 일하는 터전으로 여길 만드는 게 내 최종 목표에요.
- 그럼 장애인들의 공동체를 생각한다는 건가요?
- 불편한 몸으로도 뭐든지 할 수 있다는 걸 보여주고 싶어요. 우리끼리 하는 말 중에 "모두가 예비 장애인"이라는 소리가 있어요. 사람 일은 모른다는 거죠. 한 치 앞도 볼 수 없는 게 인생이니까요.

어느 집이든 소설 한 권은 나올 만큼 사연이 깊다지만, 내게 이 남자의 삶은 유독 다른 깊이로 느껴졌다. 멀쩡한 두 팔로도 힘든 목수 일을 하면서 삶에 대한 비전은 누구보다 크고 넓었다. 그에게 장애는 조금 불편할 뿐, 적어도 불행은 아닌 것이다.

- 그런데 목수 일이 생활이 되어야 할 텐데 말이죠? 나무는 어떻게 구입하세요? 꽤 비싸지 않나요?
- 그것도 참 재미있는 게 얼마 전 마을의 대목수를 만났어요. 그를 따라 창고를 구경하게 되었는데 나무가 어마어마하게 많은 거예요.

- 나무를 얻으셨나요, 그럼?
- 그에겐 나무가 있고, 내게는 그림을 그리는 재능이 있다는 걸 그 목수가 알아본 거죠. 서로 못 가진 걸 나누지 않겠냐고. 제주는 그런 땅이에요.
- 놀라워요. 도시에서라면 있을 수도 없는 일이고요.
- 목수로 일하면서 느낀 것 중 하나는 사람도 나무도 좋은 것은 거칠고 투박하다는 것. 잘 다듬으면 무엇보다 좋은 가구가 될 수 있다는 거예요. 또 알아요? 내가 엄청 대단한 목수가 될지, 안 그래요?

공민식 작가를 만나고 돌아오는 길에 아이가 갑자기 열이 나 보건소로 향했다. 긴 시간을 이리저리 끌고 다녔으니 탈이 날 만도 했다. 차를 타고 달리다가 한경면에 접어들면서 조수리 보건소에 들러 약 처방을 받았다. 목수 아저씨도 그렇고 아픈 아이를 봐도 그렇고, 산다는 것은 고난의 연속이라는 생각이 들었다. 왜 여기까지 아이를 데리고 와서 이런 고생을 시키는지 내 자신에게도 의문이 들었다. 달랑 900원의 진료비와 약값을 내고 돌아오면서 정말로 제주는 적게 벌어도 넉넉하게 쓰는 것이 가능한 곳이라는 생각이 맴돌았다.

 숙소로 향하는 사이 날이 어둑어둑해졌다. 차 창문을 열자 문틈으로 비가 들이쳤다. 변덕스러움이 이보다 더할 수 없다. 제주 날씨 참 사납다. 그런 날씨 탓에 춥고 시리고 또 쨍한 모든 것을 느낄 수 있다. 역시 사람은 아무 것도 아닌 거다.

장애인이 꿈꾸는
공동체 마을을 위하여!

◎　　우리는 모두 예비 장애인들일지 모른다. 선척적인 장애를 갖고 태어나는 경우는 전체 장애인 수의 10퍼센트 정도에 불과하다. 나머지 90퍼센트 경우는 교통사고나 산업 재해 등 후천적 요인으로 장애를 갖게 된 것이다. 그러니 결코 내게 일어나지 않으리라는 보장은 누구도 할 수 없다.

장애인으로 살아가는 데 가장 불편한 점은 분명 공간의 제약이다. 소수 천재 장애인들의 고군분투와 성공 신화 역시 일반 장애인들을 더욱 힘들게 할 때가 있다.

공민식 작가는 제주도에서 장애인과 비장애인이 더불어 살 수 있는 공동체를 꿈꾼다. 사람과 사람, 장애인과 비장애인의 어우러짐을 가능케 할 수 있는 것은 오직 자연뿐이다. 대자연 앞에서는 장애와 비장애를 나누는 것조차 무의미하니까. 장애를 가졌음에도 그가 누구보다 생기 넘치는 이유는 제주의 자연에서 받은 치유의 힘 때문일 것. 그가 꿈꾸는 새로운 공동체가 부디 이루어지기를 바란다.

공민식 작가가 꿈꾸는 장애인 공동체 마을 상상도.

Story 10

푸른 제주 바다 속으로 풍덩? 아니 찰칵!

수중 영상촬영 전문가 김강태

뉘신지?	김강태(남, 37세)
어디 살아요?	서귀포시 성산읍 성산포
언제 왔어요?	제주 이민 3년 차
혼자 살아요?	혼자 왔음. 내 삶의 든든한 응원자인 아내와 아들이 서울에서 살고 있음.
뭐해 먹고 살죠?	프리랜서 피디 & 수중 촬영 전문가
얼마 들었죠?	5천만 원 내외
전에 뭐했어요?	해병 특수 수색대 출신 방송 피디
왜 제주인가요?	물고기처럼 아가미만 있다면 하루 종일 물속을 헤집고 다닐 수 있는 제주 바다를 사랑함.

제주 사람들은 모두 아가미라도 갖고 있는 걸까?
무엇에도 담담한 그들을 겪어 보니
내가 피곤하게 사는 이유를 알 것 같았다.
내 삶이 힘든 이유는
결국 누구 때문도 아닌 나 때문이다.
아가미를 갖고 싶은 충동이 인다.

어느새 날이 밝았다. 제주에서의 일정도 후반을 넘기고 있었다. 눈을 뜨자마자 밖을 보니 마을은 여전히 안개에 휩싸여 있다. 안개 너머로 작은 트럭 몇 대가 조용히 지나갔다. 양파 수확이 한창인 이 마을에선 안개와 더불어 사람들이 나타났다 사라지기를 반복하며 하루가 시작된다. 무척이나 조용한 곳이지만 가만히 들여다보면 모두 바삐 움직였다. 오로지 나만이 한가로웠다.
한가롭다는 것이 부끄럽다는 생각이 들어, 일찌감치 하루치 짐을 꾸렸다. 가까운 식당에서 아침 겸 점심을 먹었다. 어디에 가든 음식이 입에 꼭 맞았다. 단번에 매료될 만큼 화려한 맛은 아니지만, 제철 재료를 살린 이곳의 조리법이 마음에 들었다. 어떤 이유든 그것은 신기하기도 하고 다행한 일이면서 동시에 불편한 일이기도 했다. 무엇이든 잘 먹는 바람에 나는 계속 과식을 하고 있었다. 여행을 하면 제대로 챙겨먹지 못해 체중이 줄어들 것이라 기대했던 것은 착각이었다.

아침을 맞은 안개 때문인지 성산포로 가는 길은 평온하고 감미로웠다. 4월을 제주에서 마감하고 5월을 맞고 있었다. 차를 타고 성산포로 향하는 길에 드문드문 청보리밭이 눈에 들어왔다. 제주는 이맘때가 절경인 것 같다. 끝도 없이 이어지는 유채밭과 푸른 물빛, 때때로 시선을 사로잡는 청보리밭이 눈으로 들어와 가슴으로 번져 내려갔다. 그 풍경에 나는 한껏 온순해지고 있었다.

- 근처에 도착한 것 같은데 어디로 가야 하나요?
- 그냥 저희 집으로 오시겠어요? 인도네시아 출장이 잡혀 마침 짐을 싸는 중이라 말이죠.

계단으로 이어진 건물 2층은 그의 집이자, 작업실인 듯했다. 침대 하나와 작업용 컴퓨터 외의 공간에는 온통 수중 카메라와 장비들로 가득했다. 이곳이 방안인지 물속인지 구분이 가지 않을 만큼 정신이 혼미했다. 가벼운 인사를 건넸는데 그는 무덤덤하게 인사를 받았다. 조금 지나 차라도 한 잔 주겠거니 하고 앉아 있는 동안에도 그는 무심하게 내내 가방을 꾸리는 데만 열중했다. 특이한 남자라는 생각이 드는 찰나, 가만히 앉아 있질 못하는 데다 호기심 많은 아이가 수중 카메라가 신기했는지 그에게 먼저 말을 시켰다.

- 아저씨, 이건 뭐예요?
- 어 그건 말이지, 스쿠버 장비, 다이빙 장비라고 해.
- 이걸 쓰면 바다에서 오래 헤엄칠 수 있어요? 물고기처럼?

그건 내가 진정 묻고 싶은 말이었다. 제주에서 만날 사람을 섭외할 때 이 남자를 추천한 누군가는 내게 이런 말을 했었다.

- 아가미를 갖고 싶은 남자라고 생각하면 돼.
- 뭐라고? 생선 아가미?
- 물속에 있을 때 그렇게 편안할 수 없대. 인간용 아가미가 개발된다면 하루 종일 바다에서 살고도 남을 걸?

세상에 아가미를 갖고 싶은 남자라니! 그 말은 다분히 문학적이고 몽환적인 느낌으로 다가왔다. 아가미를 가진 사람이 깊은 바다 속을 유영하는 소재라니, 작가라면 욕심나는 글감이 아니던가. 언젠가 이 남자를 소재로 소설이나 영화 시나리오를 한 편 써볼까 하는 섣부른 기대마저 생겼다.

상상력의 부재인지 그는 내가 생각했던 인어(?)의 이미지와는 사뭇 달랐다. 무척 건장한 체격의 남자였다. 예능 프로에 종종 등장하는 헬스 트레이너처럼 보인다고 할까? 아무튼 바다를 유유자적 헤엄치는 감미로운 모습을 상상했던 나는 그를 만나고 나서 속으로 자꾸만 웃었다.

- 거의 다 끝나가요. 이것만 마저 정리하고 저녁이라도 같이 드시죠?
- 천천히 하세요. 이런 장비들도 처음 보는 걸요. 가격이 어떻게 되요? 꽤나 비쌀 것 같은데요.
- 이 방안에 놓인 수중 카메라들과 편집장비, 잠수장비들을 모두 합치면 1억 정도? 제 전 재산이지만 금액을 떠나서 여기에 제 모든 게 다 있어요.

무뚝뚝하게만 보이던 이 남자는 자신의 모든 걸 걸었다고 말하는 순간, 말끝을 살짝 흐렸다. 짐을 꾸리면서 살짝 굽힌 등에서는 뭐랄까, 약간의 쓸쓸함도 묻어났다. 겨우 마흔 정도 되었을까? 남자로서 한창 날아다닐 나이에 먼 제주도까지 와서 삶을 바다에 내려놓은 이유가 궁

금했다.

- 제주 바다가 좋아요. 육지에 사계절이 있듯 바다 속에도 사계절이 있는데, 이곳이 정말 우리 바다가 맞나 싶을 정도로 제주 바다는 수많은 어종과 해양 생물을 눈앞에서 볼 수 있어요.

자존심이 강한 듯 말이 별로 없던 그가 제주 바다에 대해 생동력 넘치게 이야기했다. 제주 바다를 이야기하다가, 틈틈이 자신이 이곳에 오게 된 과정을 들려주었다.

누가 봐도 해병대 출신임을 알 수 있는 남자는 군대에서 스킨 스쿠버를 처음 접했다고 한다. 전역 후에 방송 피디로 일하던 시절, 다시금 수중 촬영을 접하면서 바다 속 알록달록한 이야기에 흠뻑 빠졌다. 국내에 수중 영상촬영만 전문으로 하는 인력이 흔치 않기 때문에, 자신이 가장 잘할 수 있고 하고 싶은 일인 바다 속 촬영을 본격적으로 해보기로 했다. 그리고 물속이 가장 아름답다는 제주 바다, 그 중에서도 성산일출봉이 바로 보이는 앞바다를 삶의 터전으로 택했다.

가정이 있는 유부남이 그것도 아이까지 있는 마당에 쉽지 않은 결정이 아니었을까? 불현듯 그의 아내가 궁금해졌다. 속된 말로 처자식을 도시에 두고 바다가 좋아 제주까지 내려간 남편을 견디는 아내라면 평범한 여자는 아니라는 생각이 들었다.

· 사진제공 | 김강태

- 요리사에요. 호텔 요리사. 아들이 하나 있는데, 육아 하랴 일하랴 존경스러운 부분이 많이 있어요.
- 제주에 간다고 했을 때 부인이 흔쾌히 허락하지 않았을 듯한데요?
- 누군들 안 그러겠어요. 다만 제 아내는 좀 다른 구석이 있어요. 제가 너무 간절하니까, 그렇게 바다가 좋으면 한 번 가보라고 하더군요.
- 내려오니 좋으셨어요?
- 처음 며칠이야 그랬지만, 생각해보세요. 방송하던 사람이 딱히 이곳에서 일이 있는 것도 아니고, 수중 영상촬영 전문가라고 알려진 상태도 아니었기 때문에 뭐랄까요, 딱 백수 신세라고 해야 하나?
- 백수……
- 연세 350만 원을 주고 일단 방을 얻긴 했는데 할 일이 없잖아요. 제 스스로 백수로 느껴질까봐 하루 종일 물속에서 살았어요. 아침에 눈뜨면 물에 들어가고 해질 때 되면 물 밖으로 나오고……
- 아, 너무 처절하다.
- 그래서 더 치열하게 물속을 헤집고 다닐 수 있었던 것 같아요. 아내가 쉽지 않은 결정을 하고 보내줬는데, 백수처럼 논다는 느낌을 나 스스로 갖기 싫었어요.
- 지금은 어때요? 그래도 밥벌이는 되는지 궁금해요.
- 누군가에게 손을 벌리지 않고 생활이 되죠. 수중 영상촬영을 하면서 틈틈이 프리랜서로 방송 촬영도 해요. 이건 비밀인데, 아내 몰래 장비도 하나씩 늘려가고 있어요.

- 이 모든 걸 가능하게 한 건, 제주 바다의 힘인가요?
- 그렇다고 봐요. 그리고 지금이야 그렇지만 앞으로 꼭 저만의 작품을 하고 싶어요. 성산포 해녀의 삶과 바다 속 이야기를 카메라에 담는 건 제 꿈이고요.
- 해녀의 삶이요?
- 수중 촬영하면서 이곳 해녀 분들과 이야기도 많이 나누었어요. 하지만 늘 거기까지예요. 해녀 다큐를 하고 싶은 마음은 굴뚝같지만, 그녀들의 진짜 속내를 볼 수 있게 되면 하려고요. 대충대충 하는 건 싫어요. 하게 되면 정말 제대로 하고 싶어요.

처음 볼 때 무뚝뚝하기만 했던 이 남자는 고집스러울 만큼 열정이 넘치는 것 같았다. 제주 이민 3년 차, 그가 보낸 외로움과 아픔 그리고 고독한 시간이 내 맘속까지 물결처럼 출렁이며 전해졌다. 아프고 부대껴야 빛난다는 말은 괜히 있는 게 아닌 것 같다. 아무나 할 수 있는 결정은 아니지만 그 열정이 새삼 부럽기도 했다.
저녁을 먹기 위해 우리는 가까운 해녀식당(보통 '해녀의 집'이라 부른다)으로 향했다. 제주에 머물면서 얻은 정보 중 하나는 어촌계 해녀들이 직접 운영하는 해녀식당에서 음식을 먹으면 본전은 찾는다는 말이었다. 일리가 있는 것이 해녀들이 앞바다에서 잡아 올린 해산물만 메뉴로 내어 놓기 때문에 재료가 신선할 수밖에 없다.
차를 몰고 가다가 눈에 띄는 해녀식당을 발견하고 우리는 각자 주차를 했다. 막 그곳에 들어가려는데, 해녀로 보이는 아주머니 한 분이 가게 안에서 손 사례를 치며 나왔다.

- 안 해요, 안 해.
- 왜요? 쉬는 날인가요?

내가 의아해하자, 김강태 피디는 뭔가 알고 있다는 표정으로 그만 가자며 재촉했다.

- 비도 오고, 보니까 다들 술 한 잔씩 하신 것 같네요.
- 마음 내키는 대로 안 한다고요? 말도 안 돼!
- 조금 더 가면 또 다른 해녀식당이 있어요. 그리로 가요.

그는 재미있다는 듯이 웃으며 앞장서서 걸어갔다. 3년 사이 제주 사람이 다 된 모양이다. 별 거 아닌 인생, 화낼 일이 그렇게 없냐는 듯 그는 무척이나 태평해 보였다. 오로지 나만 울그락붉그락 했다. 사실 그들이 식당 문을 열건 닫건 내가 무슨 상관이란 말인가. 조잡한 속을 들킨 것처럼 다소 머쓱한 기분이 들었다. 각각 차를 타고 5분 정도 더 달리니, 그의 말대로 또 다른 해녀식당이 보였다.
성게 칼국수를 각각 시키고, 그가 추천해 준 갱이죽도 한 그릇 주문했다. 갱이는 제주도 방언으로 게를 뜻하는 말인데, 바다에서 건진 작은 게를 통째로 갈아 죽을 끓여 낸 토속음식이라고 했다.

- 이건 우리 아들이 참 잘 먹어요. 한 달에 한 번 정도 제주에 내려오면 꼭 같이 먹으러 오거든요.

갱이죽을 보니 그는 아들 생각이 난 모양이다. 정작 우리 아이는 이 음식을 보곤 까무러치게 놀라며 먹지 않겠다고 떼를 썼다. 거무스름하니 보기에는 그다지 식욕을 돋우는 모양새가 아닌 탓이다.

- 바보, 이런 건 서울에서 맛보려 해도 못 먹는 거야.
- 난 상관없어, 안 먹어도.

아이에게 눈을 흘기다가 아까부터 궁금했던 한 가지 질문을 했다.

- 정말로 아가미가 갖고 싶어요?
- 물론이죠. 그런데 아가미가 있다면 바다에서 안 나올 것 같아요. 그러니 차라리 없는 게 낫겠네요.

그렇게 말하면서 그는 순하게 웃었다. 가까이서 보니 건장한 체격과 달리 사슴처럼 순한 눈빛을 가졌다는 생각이 들었다. 나는 더는 묻지 않고 아이가 먹지 않겠다는 갱이죽으로 손을 뻗쳤다. 그리곤 검은 죽

을 바닥이 보일 만큼 다 먹어치웠다.

제주도 음식은 딱 그만큼 맛있다. 신선한 재료에 혀와 몸이 익숙해지는 건지 아무튼 어디서 무얼 먹어도 적절한 감동이 일었다. 도시에선 식당들의 음식 맛이 천차만별인 것과 달리 제주는 음식 맛이 다 고만고만하다. 손님 호객에 별로 뜻이 없는 주인을 만나는 것도 색 다른 즐거움이다. 처음에는 그들의 무뚝뚝함과 무심함이 적응되지 않았지만, 시간이 지날수록 나는 그것에 더 마음이 끌렸다. 그들에게서는 무심함과 생기가 동시에 느껴졌다. 마치 유유히 헤엄치는 물고기처럼 흔들리지 않는 꿋꿋함 같은 것이 있었다. 제주 사람들은 모두 아가미라도 갖고 있는 걸까? 무엇에도 담담한 그들을 겪어보니, 내가 피곤하게 사는 이유를 알 것 같았다. 내 삶이 힘든 이유는 결국 누구 때문도 아닌 나 때문이다. 아가미를 갖고 싶은 충동이 인다.

제주 바다올레길에
가볼까?

◎ 흰동가리, 파랑돔, 솔배감팽, 빨강 불가사리, 분홍 멍게, 옥덩굴······. 이름마저도 특이한 이들의 공통점은? 바로 화산 활동으로 만들어진 해저동굴과 그 주변에 살아가는 제주의 해양 생물들이다. 제주 바다는 유네스코 지정 생물권보전해역이면서 세계적으로 희귀한 연산호 군락지로도 유명하다.

이처럼 많은 아열대성 해양 생물을 만날 수 있다는 것은 제주 바다가 더 이상 온대바다가 아니라는 점을 확실히 보여준다. 제주를 좀 더 이해하고 속속들이 알고 싶다면 신비로운 제주 바다의 생물들을 만나보는 것을 권한다. 참고로, 육상 올레길에 이어 바다올레길인 '아열대 수중 생태 체험장'을 조성한다는 소식을 들었다.

바다를 꿈꾸는 자여, 제주 바다올레길에서 로망을 실현해볼까나?

- 제주도에서 다이빙을 체험하고 싶다면?
  - 성산포 지역(성산 일출봉 주변) 지형 자체가 웅장한 느낌
  - 서귀포 항 지역(섶섬, 문섬, 범섬) 아기자기함이 돋보이는 수중 환경
  - 모슬포 지역(송악산 부근) 절벽과 연산호 군락이 일품

Story 11

여행하듯 지금은 제주에 살 뿐!

공1000 게스트 하우스 육충현

뉘신지?	육충현(남, 41세)
어디 살아요?	서귀포시 남원읍 신례리
언제 왔어요?	제주 이민 2년 차
뭐해 먹고 살죠?	공1000 게스트 하우스 운영, 설치 미술가 & 생활 예술인
얼마 들었죠?	2천만 원 + 여유자금 1천만 원
전에 뭐했어요?	홍대 근처에서 와인 바 운영. 돈 계산이 무뎌 실패 도시에서의 삶이 갑갑해 아내와 전국을 여행한 끝에 제주 이민 결심
꿈이 있다면?	나는 붕어빵을 굽더라도 아내와 딸만 있으면 행복한 생활 예술인 삶의 모토는 여행 같은 삶

매순간 새롭게.
잠시 머물렀다 떠나는 삶을 사는 사람들.
나는 그 집에 마음을 조금 두고왔다.

도시에서의 내 삶이 제대로 굴러가고 있는가 하는 고민이 컸다. 그것은 새로운 삶은 없을까 하는 문제이기도 했다. 물론 지금도 답을 내리지 못하긴 마찬가지다. 비가 오락가락하는 날씨와 몸을 가누기 힘든 거친 바람 탓에 도무지 마음도 갈피를 잡지 못했다. 성산포에서 지인을 만나 저녁을 먹고 가까운 펜션에 짐을 푸는데 뭔가 잘못되고 있다는 생각이 들었다.

여기까지 와서도 예정대로 흘러가다니!

모든 게 계획대로 진행 중이었다. 가이드북과 지도에 의존한 채 제주도를 돌고 있었고, 맛집에 들러 저녁을 먹다가 해가 지면 가까운 숙소에 짐을 풀고 있었다.

그래, 스쳐가지 말고 머물러보자.

노트에 빼곡하게 쓴 계획과 장소들에 붉은 사인펜으로 X표시를 했다. 달리도서관, 함피디네 돌집……. 그러다 문득 어떤 글씨를 보고 의문이 생겼다.

삶이 곧 여행인 사람들 / 공천포 게스트 하우스 운영
육충현 씨 부부(010-○○○-○○○○)

삶이 곧 여행이라. 그거야 말로 여행에서조차 삶의 타성을 못 버리는 내게 꼭 필요한 감성이 아닐 수 없었다.

어떻게 삶이 여행일 수가 있지? 대체 어떤 사람일까? 지금 당장 만나러 갈까? 그런데 이 시각에 머물 방이 없으면 어떡하지?

온갖 생각들이 하나 둘 스쳐갔다.

에라, 모르겠다. 일단 전화부터 걸어보자.

휴대폰의 시간을 확인하니 저녁 8시가 넘어가고 있었다. 불현듯 가슴이 뛰었다. 여행지에서 인연을 만난 사람들이 저마다 말하지 않았던가? 인연은 문득 오는 거라고. 나는 흥분을 가라앉히고 차분히 수첩에 적힌 번호를 눌렀다. 수화기 너머에서 무척이나 예의바른 중저음의 목소리가 들려왔다.

- 지금 공천포로 가려는데 머물 방이 있을까요?
- 지금이요?
- 여긴 성산포 근처인데 거기 도착하면 1시간쯤 걸릴 것 같아요.
- 방이 있긴 한데, 저희가 지금 와인을 마시고 있어서 말이죠.
- 네? 와인이라고요?
- 저희 와이프 생일이라 둘이서 가볍게 한 잔……. 일단 오세요, 그럼. 여긴 공천포 바로 앞입니다. 노란 대문으로 칠해진 집이고요.

이 사람, 한 번도 본 적이 없는데 어딘가 모르게 친밀한 느낌이 들었다. 내가 가지고 있는 안 좋은 버릇 중 하나가 목소리로 사람을 상상하는 것인데, 어느 정도 맞아 떨어지는 부분이 있다. 그는 적어도 모래처럼 서걱거리는 사람은 아닐 것이다. 갑작스러운 전화에도 불편한 내색을 하지 않았고, 아내의 생일날 와인을 마실 수 있는 사람이면 로맨틱할 것은 분명해보인다. 이 멀고 먼 제주에서 낯선 타인의 방문을 받아주는 사람이니 아마도 푸근함도 갖추었을 것 같다.
이런 저런 생각을 하며 늦은 밤 도로를 달렸다. 정확히 50분 후에 우리는 남원읍 공천포에 도착했다. 저녁 9시의 공천포는 어둠으로 가득 차 있었다. 사람은 흔적도 없고 불빛 하나 없는 바닷가에서 거친 파도 소리만 들려왔다. 괜히 왔나 싶은 마음과 미안한 마음이 교차했지만 전화를 걸어야 했다. 그때 저만치에 한 남자의 모습이 보였다. 오 마이 갓!

   가수 임재범이 왜 여기에 있지?

거의 날아갈 듯한 우산을 위태롭게 받치고 서 있는 그 남자가 우리를 향해 손을 흔들며 반가워했다.

   - 전화 주신 분이죠? 어서 오세요. 제가 와인을 한 잔 해서 얼굴이 좀…….

그의 모습을 설명하자면 대략 이러하다. 언뜻 보면 가수 임재범을 닮은 듯 우수 어린 표정을 하고 있지만, 상투를 틀어 올린 머리 모양과 하늘거리는 원단의 호피무늬 바지를 입은 차림새까지 평범한 사람은 아닌 듯했다. 하여간 범상치 않은 외모와 형형히 살아 있는 눈은 내게 깊은 인상을 남겼다. 이런 모습은 제주가 아니라 서울 홍대 부근에서나 볼 수 있는 패션이 아니던가. 번듯하게 잘 생긴 외모와 대조적인 그의 차림새는 왜 그런지 내게 위안이 되었다. 자연히 저녁나절의 의기소침한 마음도 조용히 사그라졌다. 앞서 걷는 공천포의 남자를 따라 걸어가면서 제주는 참, 묘한 섬이라는 생각이 다시 한 번 들었다.

어둠 속에서 익숙한 검은 돌담을 지나 코너를 돌자, 정말 그의 말대로 노란색 페인트를 곱게 칠한 대문이 나타났다. 문을 열고 들어가니 자그마한 정원이 나왔는데 밤인데도 바다를 품에 안은 그 풍경이 무척이나 유유자적하게 보였다. 게스트 하우스 내부는 더 없이 정겨웠다. 제주 전통 가옥의 특징을 그대로 살린 깔끔하고 소박한 풍경이 인상적이었다.

- 비도 오고 바람도 불고⋯⋯ 오늘은 일찍부터 와인을 마셨어요. 저희가 와인을 좀 좋아하거든요.

예로부터 낭만을 불러일으키는 것이 신의 물방울이라 했지만, 그것의 힘이라고만 보기에 이 남자는 어딘가 모르게 로맨틱함이 흘러넘쳤다. 문득 떠올려 보니 예술가라고 들은 것 같기도 하다. 정체가 뭐냐고 물을 수는 없어 나는 예의를 갖춰 인터뷰 요청을 했다. 그는 커다란 눈을 깜박이며 쑥스러운 웃음을 지어보였다.

- 제가 무슨 인터뷰 할 대상이나 되나요?
- 그럼 뭐 저는 누굴 인터뷰 할 주제가 되나요? 그냥 제가 만나고 싶었던 분들을 찾아가고 있어요. 제주 이민, 어떤 분들이 오는 지 궁금해서요.
- 제주 이민이라, 바다를 건너왔으니 이민은 이민이죠.
- 어떤 각오로 내려오신 거예요?

그 물음을 듣는 순간, 그는 슬그머니 미소를 지으며 이렇게 운을 뗐다.

- 각오라고 하니까 너무 이상하네요. 그런 거 없었어요, 우린. 그냥 여행하듯 지금은 제주에 살고 싶다, 그런 생각이 들었을 뿐이고요.
- 여행하듯 산다? 아내도 같은 생각인 거에요, 그럼?
- 아내와 여행하듯 만났고 딸아이도 여행하던 중에 갖게 되었어요. 그 아이 태명이 순천이었는데, 아이가 생긴 여행지가 순천이거든요.

몇 해 전 이야기지만, 그는 조각을 공부하려고 프랑스 유학길에 올랐다. 당시 아내는 배낭여행 중이었는데, 두 사람은 첫 눈에 반해 연애를 시작했다. 아니 첫 눈에 반한 것은 육충현 씨만 그랬다고 한다. 지독한 구애 끝에 아내의 마음을 얻은 그는, 아내가 있는 한국으로 돌아왔다. 예술만 알던 그가 홍대 근처에서 와인 바를 연 것은 그 무렵이었다. 요리하는 그녀와 예술하는 그에게 와인 바는 생의 타협점이었다.

- 앉을 자리가 부족할 만큼 늘 북적였어요. 결과적으론 가게 운영이 힘들어 문을 닫아야 했지만요.
- 손님이 그렇게 많았는데, 왜죠?
- 돈 되는 손님보다 돈 안 되는 손님이 많아서겠죠?
- 막 퍼주셨구나. 장사를 그렇게 하면 되나요?
- 좋은 경험이었다고 생각해요. 재밌는 건 우리 둘 다 별로 심각하게 생각하지 않는다는 거죠. 마음이 중요한 것 같아요. 어디서 뭘 하고 살든 서로 만족하면 되죠. 농담처럼 한 말인데, 제주에 가서 붕어빵이라도 굽자고도 했고.
- 그런데 왜 제주였어요? 저는 그게 제일 궁금해요.
- 사실 제주에 내려오기 전에 전국을 여행했어요. 말씀 드렸잖아요, 우리가 순천을 여행할 때 아기가 생겼다고. 제가 먼저 제주에 내려와서 보고, 딱 여기다 싶어 아내에게 전화를 걸었어요. 제주에서 살자고. 그랬더니 아내가 뭐라고 한 줄 아세요? 그러자, 딱 한 마

디 하더라고요.
- 정말 딱 한 마디 하셨어요?
- 네, 그것뿐이었어요. 저희 제주 이민은 그렇게 시작된 겁니다.

제주에 내려온 부부는 이 집이 딱 마음에 들어, 연세를 주고 집을 계약했다. 제주에 있는 집이 대게 그러하듯, 이 집 주인도 서울 사람이었다. 여기가 아니면 안 되겠다 싶어, 그는 수소문해서 주인을 찾아냈고 계약을 성사시켰다. 마냥 한가로운 예술가인줄로만 알았는데, 의외의 모습이었다. 왜 꼭 이 집이어야 했을까?

- 내일 날 밝으면 한번 나가보세요. 저는 이곳 바다가 정말 좋아요. 작품 활동을 해야만 예술가라고 생각하지 않아요. 생활이 곧 예술이고, 예술이 곧 삶이니까요.
- 여행이 곧 삶이고, 삶이 여행인 것처럼 말이죠?

밤이 늦어 더 긴 이야기를 나누지 못했다. 나는 그와 이야기를 마치고, 한동안 툇마루에 앉아 어두컴컴한 마당을 오래도록 바라보았다. 여행하듯 만났고 여행하면서 아이를 갖고 지금도 여행이라 생각하며 삶을 사는 부부. 어쩌면 누군가에겐 이들의 삶이 철없어 보일 수도 있고 너무나 사소해서 이야깃거리도 못 된다고 생각할지도 모르겠다. 제주라는 섬이 그랬고, 공천포 앞 바다가 그러하고, 여행하듯 산다는 삶 자체

가 비현실적이라 말할 수도 있다.

그러나 가만히 생각해 보면 우리 삶이 뭐 그리 특별하고 날마다 새로운 게 있었던가 하는 의문이 생긴다. 좀 더 넓은 평수의 아파트를 장만하고, 아이들을 좋은 대학에 보내고, 가구를 새로 바꾸는 그런 것들이 모두 다 한때의 즐거움이나 만족이 아닐까. 하루하루가 손가락 사이로 빠져나가는 모래알처럼 사라지는 것이 오히려 비현실적일지도 모를 일이다. 적어도 이 부부는 그런 모래알들을 그러쥐며 사는 운 좋은 사람들이 아닐까 싶었다. 나 사는 꼴이 갑자기 구차하다는 생각이 든다. 오늘은 나를 비롯해 내가 아는 모두한테 미안한 마음이 들었다.

삶과 예술과 여행이
공존하는 방법

◎ 공천포 앞바다를 품에 안고 유유자적함을 뽐내며 평온한 삶을 사는 부부에게 제주는 매일 매일이 소풍 같은 섬이다. 여행하다 만나서 여행하며 아이를 낳았고 여행하듯 제주에 정착한 이들이 삶을 즐기는 방법은 생각보다 간단하다. 여행과 예술을 삶의 일부로 끌어들이는 것. 바닷가 모래 위에 아이와 함께 손글씨를 쓰는 것은 늘 있는 일이고, 마음 내킬 땐 제주 오일장 투어에 나설 수도 있다. 예술은 이렇게 삶과 가까이 있다. 일상과 예술이 자연스럽게 겹쳐질 때 느끼는 감동은 배가 된다.

그가 요즘 모색 중인 일상예술은 '여행자들과 함께하는 한 여름 밤의 꿈'이라는 영화관이다. 주변에 근접한 게스트 하우스나 카페들과 문화연대를 이루어내는 축제라고 보면 된다. 제주 바다와 어울리는 영화나 영상, 음악이 조화를 이루어내는 장면은 더할 나위 없이 낭만적이다. 달빛 아래 출렁이는 파도를 바라보는 밤바다의 영화관이라니, 생각만 해도 기쁘지 아니한가!

- **공1000 게스트 하우스**
  제주도 서귀포시 남원읍 신례리 70-1
  blog.naver.com/jeju0km

제2장

우리 제주에서
살아볼까?

/ 정화영 작가의
제주에서 60일 살기

Episode 01

어제의 나보다 느리게

시작

깊은 잠을 깨운 것은 바람이었다. 잠을 자는 듯 몽상에 빠져버린 듯 그렇게 며칠을 보낸 나는, 모처럼 정말 깊은 잠에 빠져 있었다. 그런 나를 세찬 바람 소리가 깨웠다. 바람은 휘이익- 소리를 내다가 나무를 흔들고, 나무는 바람에 취해 우우- 소리를 질렀다. 간간이 덜그럭거리며 돌이 굴러가는 소리도 들렸다. 자연이 내는 소리들이 낯설어 나는 잠에서 깨지 않을 수 없었다.

손을 더듬어 휴대전화의 시계를 보니 새벽 4시 반. 어둠은 그 어느 때보다 짙게 방에 드러누웠다. 갑자기 두려움이 몰려왔다. 어젯밤 제주 산간에 돌풍이 불 것이라는 예보가 기억났다. 자연이 어쩌고 하는 낭만적 두려움은 곧 전투적인 생각으로 바뀌었다.

어제 심었던 고추 모종이 다 날아가버리면 어떡하지?

제주에 내려온 지 벌써 일주일이 지났다. 집을 구하기 위해 우왕좌왕했던 것도 잠시. 일전에 취재차 제주에 내려왔을 때, 나를 태워준 택시 운전사의 소개로 걱정했던 것보다 쉽게 집을 얻었다.

내가 살고 있는 이 집은 가지런한 돌담에 키 낮은 문을 가진 제주도의 전통집이다. 돌담을 따라 다홍빛 동백과 이름 모를 몇 그루의 나무가 줄지어 있는 곳이다.

집을 얻자마자 조금 녹슨 철문이 눈에 거슬려 읍내에 나가 노란 페인트를 사왔다. 그리고 그날, 햇빛이 늦은 시간까지 길게 꼬리를 물던 늦

은 오후에 내일을 참지 못하고 페인트칠을 시작했다. 노란빛으로 변해 가는 대문 사이로 솔솔 봄바람이 불어와 금세 기분이 좋아졌다.

주홍빛으로 남아 비추던 노을, 흙 위로 떨어진 다홍색 동백꽃잎, 그리고 방금 칠해 따뜻한 노란 대문……. 거기에 구멍이 숭숭 뚫린 까만 돌담이라니! 꽤 오랜 시간 꿈꿔왔던 상상 속의 집이 거기 그렇게 내 앞에 있었다. 지금도 나는 노란 대문 앞에 서면 가슴이 설렌다.

집 안에 들어서면 3천 원짜리 호미로 가꾼 텃밭이 새초롬히 얼굴을 내밀고 있다. 문 옆에는 주렁주렁 탐스러운 열매를 매달고 있는 낑깡(금귤이라고도 하지요!)나무가 보인다. 노란 열매를 하나 따 입에 물고 집 안으로 들어서면 나를 행복하게 만들어주는 공간이 나온다. 창문 너머 작은 스탠드와 그 방문을 넘어 마루가 보이는데, 그 풍경 앞에 서면 마음이 푸근하다. 내가 '집'에 살고 있다는 안도감이 든다. 그것이 좋다.

나는 '제주시 한경읍 저지리'에서 살고 있다. 대부분의 주민들이 마을에 대한 자부심을 가질 만큼 운치가 있는 곳이다. 그런 동네에 방 두 칸짜리에다가 텃밭까지 있는 돌담집을 월 30만 원에 얻었다.

월세를 얘기하면, 누군가는 비싸다고 했고 누군가는 적당하다고 했다. 그러나 아무래도 상관없다. 걱정을 한 아름 안고 제주에 왔던 나로서는 결코 비싸다는 생각이 들지 않았다. 마음씨 좋은 주인이 내어준 쓰던 냉장고와 그릇들, 작은 탁자와 세간이 잠시라도 나의 것이 될 수 있으니 그저 감사할 뿐이다.

한 달을 이야기하고 살림을 풀었지만 일주일 만에 벌써 걱정이 앞선

다. 몇 달 더 살고 싶다는 욕심, 매일 아침저녁으로 나는 그 욕심에 취해 산다.
바람이 조금 잦아든 것 같다. 나는 늦은 아침밥을 지어 먹고 집을 나선다. 어제 잠깐 인사를 나눈 뒷집 할머니가 비가 오는 날엔 밭일을 안 하니 꼭 놀러오라고 했던 당부가 기억이 나서다.

걸음이 빨라진다.
도시의 나보다 조금 느리게 사는 듯하다가, 조금 빠르게 움직인다.
나의 걸음은 느리게 시작됐다가 점차 빨라지고 있다.

Episode 02

제주 크루즈에
오신 것을
환영합니다

배 타고 제주 가기

'저항'은 나쁜 것이라 배우며 자란 내게 '도전'이라는 단어 또한 왠지 거리감이 느껴졌다. '보편적'인 생각에 사로잡힌 '바른생활 지침서'가 나의 강박인 셈이다. 어쩌면 눈 옆에 안대를 채우고 앞을 향해 달리는 법만 배운 경주마처럼, 나는 뒤돌아 걷거나 옆으로 가는 데에는 호기심 없는 말이 된 것인지도 모르겠다. 그래서 시시각각 변화하는 세상, 잘 닦여진 길 위에서 멈추고 싶어도 그리 못하고 겁만 내는 게 아닐까. 혹여, 샛길로 빠진 경주마를 보면 마냥 부러워할 뿐 나의 삶은 결코 아니라고 손을 내젖고 있지 않은지.

이런 생각에 비추어 보면 제주로 떠난 그날, 나의 '도전'은 '일탈'이라든가, '대책 없는 용기'라는 말로 바꿀 수 있을 것이다. 그러나 이제 와서 이실직고하자면, 나의 도전은 어디까지나 혼자만의 용기는 아니었다.

제주도로 내려가기 몇 달 전부터 나는 주변 사람들을 만나면 제주도에서 살 거라고 큰소리를 뻥뻥 쳤다. 그러나 바쁜 서울생활 중에 제주도에서 한 달간 거처할 곳을 구하는 것이 막막했다.

그러던 차에 지인으로부터 KBS 〈수요기획〉 제작팀이 제주 관련 다큐멘터리를 진행한다는 소식을 들었다. 그랬다. 취재를 핑계 삼아 나는 제주도로 무작정 내려갔다.

본격적인 촬영에 들어가기 전에, 제주도에 내려가 며칠간 사전조사를 했다. 그리고 공항으로 돌아오는 날, 나는 또 무턱대고 나를 태워준 택시운전사에게 말을 걸었다.

- 기사님, 저 집 좀 소개해 주세요.

길을 묻는 것도 아니고, 물을 얻어 마시자는 것도 아니고, 집 좀 구해달라니! 택시운전사는 무얼 잘못 들었다 싶으신지 팩 고개를 돌려 내 얼굴을 본다.

- 뭘 구해요? 집? 집을 구해달라고요?

머릿속에 생각이 차오르면 입 밖으로 나와 버리는 버릇이 또 한 번 사고를 친 것인가! 그러나 제주에 아는 사람이라곤 하나 없는 나에게 지금 제일 친한 제주 사람은 바로 이 사람, 택시운전사뿐이 아닌가.

- 제가 작가인데요. 방송도 있고 해서 한 달 정도 내려와 살아보려고요. 아저씨 댁은 민박 안 하세요? 제가 살 만한 집이 있으면 좀 소개해주세요…….
- 내가 잘 아는 사람이 지금 집을 고치는 중인데, 아마 한 달이면 공사가 끝날 듯 싶은데…… 언제 올 거요?

나의 계획도 한 달하고 보름 뒤. 타이밍이 기막히게 맞는다. 공항으로 가는 30여 분 동안 우리는 서로를 간단히 소개하고, 나는 휴대전화에 아저씨의 전화번호를 저장했다.

'제주운전사님 010-○○○○-○○○○'

근원을 알 수 없는 택시운전사에 대한 확고하면서도 무식한 믿음! 그 믿음으로 나는 무슨 배짱인지 한 달이 지나도록 확인전화 한 통 할 생각을 하지 못했다. 나는 단순하게 출발 날짜를 정하고, 자동차에 한 달 치 식량과 짐을 꾸려 배를 타고 제주로 간다. 그것으로 모든 준비가 끝났다고 생각했다. 집도 알아봤고, 식량은 서울에서 가지고 가면 되지 않는가!

출발 전날 밤, 인터넷으로 타고 갈 배에 관한 정보를 찾았다. 마침 목포에서 차량 적재하는 페리호가 할인 행사를 하고 있었다. 제주 행(行) 목포 발(發) 페리는 하루 두 번을 운행하는데, 오전 9시와 오후 2시. 시간과 요금 등을 대략 확인하고 짐을 싸기 시작했다.

얼마나 요리해서 먹을지 모르겠지만, 먹을 것부터 챙겼다. 여름 휴가를 가는 기분으로 쌀도 담고, 냉장고에 있는 과일이며 몇 가지 밑반찬 등도 챙겼다. 4월이면 환절기이기도 하고, 제주 바람이 무섭다는 얘기도 들은 터라 두터운 외투도 몇 벌 넣었다. 덤으로 신발 한 켤레까지 챙기니 든든하다. 또 뭐가 있을까? 집 안을 두리번거리다가 책 몇 권과 카메라, 그리고 노트북도 쌌다. 생각보다 짐은 많지 않았다.

서울에서 목포까지는 약 4시간 반이 걸린다. 아침 9시에 출발하는 배를 탈 요량으로 이른 새벽에 집을 나섰다. 오랜만에 자동차에 기름을 가득 채우니, 문득 이번 여정이 만만치는 않겠다 싶은 생각이 들었다.

페리호가 있는 국제여객선 목포항에 도착하니 어느덧 아침이다. 평일이지만 많은 사람들이 모여 있었다. 수학여행을 가는 학생 무리들, 삼삼오오 무리지어 있는 어른 관광객들, 그리고 생각보다 많은 화물차.

- 예약하셨어요? 안 하셨으면 여기서 대기하세요.

차량 예약을 하지 않고 온 탓에 나의 순번은 제일 끝이었다. 자리가 있으면 들어가고 없으면 못 들어갈 판이다. 난생 처음 보는 광경에 두리번거리다가 여직원이 시키는 대로 입장권을 사는데, 혼돈이 찾아온다.

- 여객실은 어떤 것으로 드릴까요?

자료 조사가 부족한 탓이다. 내가 이해하지 못한 눈으로 가만히 서 있자, 여직원이 손가락을 내어보인다.

'일반실 3만 원, 1인실 54,500원'

가격은 천차만별. 3만 원부터 가격이 점점 올라가 30만 원까지 있다.

- 여객실 표를 사야 하나요?
- 네, 입장료가 따로 있는 게 아니고 여객실을 정하시는 건데요. 일

사진제공 | 씨월드 고속훼리

반실은 30명이 함께 쓰는 방입니다.

차량 승선비로 이미 8만 5천 원을 지불한 터라 잠시 망설여졌다. 그러나 잠도 잘 자지 못하고 달려온 터라 욕심을 부려 1인실을 골랐다. 내가 탄 배는 '씨스타 크루즈'였는데, 크루즈라는 이름 때문인지 괜히 가슴이 설레었다. 꼴찌로 자동차를 배에 태우고 차에서 내렸다. 배 안에 에스컬레이터가 있었고, 그 위로 정장 차림을 한 승무원들이 환영 인사를 했다.

- 씨스타 크루즈에 오신 것을 환영합니다.

입구에서 승선권을 보이자 키를 하나 건네주는데 기분이 이상했다. 언젠가 베트남 하롱베이의 소박한 목재 크루즈를 탔던 기억이 무심코 떠오른다. 마치 아시아 여행을 떠나는 듯했다.

내가 묵을 객실은 574호다. 객실 문을 열어보니 딱 한 사람만 사용할 수 있을 듯한 정직한 1인용 침대와 세면대, 그리고 텔레비전까지 갖춰져 있었다. 모든 것이 처음이라는 설렘, 그것 때문인지 좁은 방을 채우는 어둠도 아늑하게 느껴졌다.

객실 구경을 끝내고 2층으로 내려오니 음식 냄새가 진동한다. 일반실에는 할머니들이 홍어를 잔뜩 펼쳐놓고 제주 방언으로 대화를 하고 있었다. 식당과 빵집에도 사람들로 가득했다. 누군가는 커피를, 누군가는 백반을, 또 누군가는 맥주를 마시고 있었다. 마치 이 배와는 이미 익숙하게 얽혀 있다는 듯 자연스러워 보였다.

그러나 내게는 이 모든 풍경이 낯설기만 했다. 어디에 내 몸을 두어야 할지 잠시 망설이고 있는데, 바다! 내 눈에 드넓게 펼쳐진 바다가 보였다. 나는 갑판으로 나와, 이곳 사람들처럼 나를 익숙하게 만들어줄 풍경과 마주했다.

Tip.

**제주도에 배 타고
느리게 가는 법**

◎ 　한 번쯤은 배를 타고 제주에 가고 싶었다. 직접 해보니 역시 색다른 맛! 그러나 안타까운 것은 저렴한 저가항공들 때문에 뱃삯이 상대적으로 비싸게 느껴진다는 점. 한때 가격 절감을 위해 배를 타고 제주에 갔다는 이야기는 이제 과거 무용담이 된 셈이다. 거기에 이제는 렌트카 비용도 매우 저렴해져서, 배를 이용해 육지에서 자동차를 굳이 가지고 갈 이유도 없어졌다.

하지만 느리게 제주를 가고 싶다면, 또 제주로 가는 길목에서 또 다른 섬들을 만나고 싶다면 한 번쯤 해볼 만한 일이기도 하다.

제주로 들어가는 배는 수도권의 경우, 인천과 평택에서 출발한다. 전라도에서는 목포와 장흥, 완도에서 출발한다. 경상도에서는 부산이 유일했으나 2012년 5월 31일을 기점으로 모든 운행이 중단되었다. 따라서 부산에서 제주로 가는 배편은 없는 셈이다.

수도권에서 출발하는 배편은 평균 14시간가량 소요되는데, 배에서 잠자며 밤을 보내고 아침을 제주에서 맞고 싶은 사람들에게 결코 나쁘지 않다. 전라도 지역은 목포가 4시간, 완도가 3시간 정도 걸린다. 전라도에서 제주까지 가는 데 가장 짧은 곳은 장흥이다.

뱃삯의 결정은 내가 어떤 객실에서 보낼 것인가에 따라 결정된다. 가장 저렴한 일반실부터 수십만 원을 호가하는 호텔식 객실도 있다. '페리'는 기본적으로 레스토랑, 카페테리아, 전망대, 게임방 등이 있고, 배에 따라서 목욕탕이나 샤워 시설 등을 갖춘 곳도 있다.
여기서 깨알웃음 하나 드리자면, 배 이름에도 숨은 재미가 있다!
인천발 제주행 배 중에서 '오하마나호'라는 페리가 있다. 그 뜻은 제주도 방언으로 '오 벌써?'라는 뜻이란다. 하루 자고 일어나면 '오 벌써 제주네?!'라고 탄성을 짓게 된다나?

Episode 03

택시운전사님,
집 좀 구해주세요!

집 빌리기

❀   - 운전사님, 저 기억하시죠? 지난번에 집 구해주신다고 했던 작가예요.

우리가 서로의 이름을 알지 못한다는 사실을 이제야 알았다. 나의 휴대전화에 그는 '제주운전사님'으로 등록되어 있을 뿐이다. 아마도 아저씨의 휴대전화에는 내 이름이 없는 듯하다. 수화기 너머로 잠시 당황한 듯 짧은 탄식이 들렸다. 그러나 나는 지금 제주도에 아는 사람이라곤 '제주운전사님'뿐! 절대 기죽거나 실망할 수가 없다. 전화기를 귓가에 바짝 당겨 댄다.

- 그간 연락도 못 드려서 죄송해요. 저 왔어요. 지난번에 집 소개해 주신다고 해서 그냥 믿고 왔어요. 저 곧 제주항에 도착해요.

약속을 지키시려는 듯 아저씨는 이내 활기찬 목소리로 반기신다.

- 좀 기다려봐요, 집 주인에게 전화 좀 해볼게.

요즘 제주에서 집을 구하는 일은 결코 쉽지 않다.
제주에서 긴 여행을 계획하는 사람들은 일박에 2만 원짜리 도미토리가 있는 게스트 하우스를 가장 많이 찾는다. 그러나 한 달을 머물면 무려 60만 원이나 되기 때문에 내가 엄두를 낼 수 있는 곳은 아니다. 물론,

나처럼 한 달 이상 제주에 머무는 사람들을 위해, 제주시에는 한 달을 기준으로 집을 빌려주는 원룸들도 꽤 있다. 그러면 월세 40만 원에 10평 남짓의 공간을 사용할 수 있다.

그러나 40만 원이란 비용도 내겐 부담스러웠고, 원룸 생활도 피하고 싶었다. 내가 제주에 온 이유는 바로 '제주 마을의 주민이 되겠다'는 것이기 때문이다.

한 달이라는 시간을 누군가는 '느리고 긴 여행'으로 왔을 것이지만, 나는 처음부터 그것을 염두에 두지 않았다. 여행이 아닌 삶으로의 경험, 제주 주민들과 어울려 살면서 하루하루 그들이 살아가는 방식을 체험하고 싶다는 생각이다. 그러기 위해 내게 필요한 것은 제주 주민들이 사는 마을, 그 속의 작은 빈집이었다.

잠시 후 전화벨이 울렸다.

- 협재 해수욕장 근처에 '생각하는 정원' 있잖아요? 그쪽 근처로 가세요. 거기가 한경면 저지리인데, 내가 주소를 알려줄게요.
- 어디요? 저지? 저지요?

제주시 한경면 저지리. 협재 해수욕장에서 7킬로미터 정도 떨어진 서부지역의 중산간 마을이었다. 마을에는 닥나무가 많았는데, 이 나무처럼 끈질기게 발전하라는 뜻으로 '저(楮)'라는 글자를 붙였고, 마을이 능선 위에 있어서 '저지리'가 되었다는 곳이다.

운이 좋아도 이렇게 좋을까? 마을 입구에 다다랐을 때였다. 아직 남아 있는 벚꽃이 옅은 분홍빛으로 길을 내어주고 있었다. 거기에 한쪽으로 '예술인마을'이 아름답게 펼쳐져 있었다. 나를 더욱 들뜨게 한 것은 '제주현대미술관'과 '생각하는 정원', '방림원' 등의 표지판이 보이는 사거리에서 나의 집이 모습을 드러냈다는 것이다. 빨간 꽃을 뿜어내는 동백나무와 노란 낑깡(금귤)이 주렁주렁 달려 있는 과일나무가 맞이하는 낮은 돌담집. 문을 열고 들어서는데 마음은 어느새 따뜻함으로 번져 있었다. 이곳은 내가 늘 상상만 했던 바로 그런 꿈속의 집이었다.

- 한 달 산다고요?

인상 좋은 주인아저씨가 어색한 표준말로 인사를 건넸다. 자신의 손으로 한 달 반 동안 집을 고쳤다는 아저씨는 어깨를 으쓱하며 집을 소개했다. 한지벽지로 새로 도배한 벽에서 '창밖은 삼경, 달빛 두둥실'라는 글귀가 유독 눈에 띄었다. 잠시 어색한 긴장감이 지나가자, 나는 소박한 미닫이문이 달린 작은 방과 마당으로 난 큰 창, 그리고 그 안으로 보이는 또 다른 문들을 여닫아보았다.

- 냉장고도 쓰고, 전자레인지도 쓰세요. 우리 엄마가 쓰시던 건데, 지금 병원에 계시거든요. 내가 가끔 와서 먹던 라면이랑 커피도 있고, 김치도 먹을 만하니 입에 맞으면 다 먹어도 됩니다.

처음 본 낯선 사람을 집 안에 들여놓고 자신의 어머니가 쓰시던 물건들을 아낌없이 꺼내주는 후한 인심이 좋아 나는 아무 말 없이 그가 원하는 대로 월세 30만 원에 약속한다. 계약서도 쓰지 않고 열쇠를 건네받았다. 마음을 맞추는 일이 이렇게도 쉬울 수 있나 의문스럽기까지 하다.

제주 사람들은 계약서를 쓰는 것이 익숙하지 않기 때문에 특별한 목적이 없다면 계약서를 요구하지 않는 것이 관례라고 한다. 세상을 살면서 갖게 된 몇몇 걱정들이 머리를 스쳤지만, 이쯤에서 대화를 마무리 지어도 좋겠다 싶었다. 그런데 집 주인의 낯빛이 달가워 보이지가 않는다.

- 왜 그러세요?
- 나는 한 달이면 집을 안 빌려주려고 합니다.

이건 또 무슨 청천벽력이란 말인가! 택시운전사의 도움도 구해보고, 최대한 나의 계획을 설명해보지만 집주인은 생각보다 완고했다. 하지만 창밖을 보라. 해가 뉘엿거리며 산 너머로 넘어가려 하지 않은가. 지금 다른 데로 가서 착실하게 집을 알아볼 재주가 없다면 나는 현실에 순응해야 했다.

- 그럼요…… 몇 달을 원하시는지?
- 적어도 석 달은 해야 되지 않을까 싶어요.

- 아, 석 달……. 그럼, 지금이 4월이니까 5월, 6월, 7월? 음……
아…… 알겠어요. 그럼, 7월 말까지로……?

더듬거리며 말을 이어가는 나에게 이제야 됐다는 듯 승낙이 떨어진다.

- 그럽시다. 7월 말까지로 합시다.

원래 계획했던 일정과 크게 달라지지만, 나는 무엇 때문인지 별로 걱정이 되지 않았다. 통장의 잔고는 줄어들어도 인생의 풍요는 늘어날 것이라는 감상에 빠져들면서 나에게 격려를 시작했다. 겨우 30여 분 동안, 나는 2012년 상반기를 제주에서 살기로 덜컥 결정하고 말았다.

Tip.

제주에서 알뜰하게
집 구하는 방법

◎   제주에서는 부동산을 통해 집을 얻는 것은 흔한 일이 아니라고 한다. '벼룩시장'이나 '교차로'와 같은 정보지에 개인적으로 집을 내놓는 사람들이 있지만, 이곳에 나온 매물은 대부분이 시내에 위치한 아파트나 빌라, 다세대 주택과 같은 것이고 가격도 천차만별이다. 이름이 알려진 원룸들은 겨우 10평 남짓한 공간에 월세가 40만 원이 넘는다고. 한 달간 천천히 여행하고자 하는 사람들에게는 나쁘지 않을 수 있겠지만, 나처럼 '주민 되기'를 꿈꿔왔다거나 특별한 여행을 생각한다면 추천하고 싶지 않다.

사실, 나는 공항에서 저지리로 가는 동안 차 안에서 인터넷검색을 해보았다. 몇몇 부동산에는 전화도 걸어봤는데, 하나같이 그들에게 들은 말은 "빌려주는 집은 부동산에 없어요. 교차로나 벼룩시장을 보세요"라는 말뿐이었다.

최근 육지에서 제주로 이주하려는 사람들의 문의가 늘어나면서 제주 부동산에도 투기바람이 불고 있다. 제주 현지 부동산 관계자의 말을 빌리면, 평당 50만 원에서 70만 원에 육박하는 땅을 평균 300평 기준으로 판매하고 있고, 집을 짓는 비용까지 포함하면 대략 3억 정도가 든다고 한다. 그러니 급한 마음에 현지 답사는 하지 않고, 제주부동산을 인터넷으로 구입하는 것은 피했으면 한다.

또 하나! 제주도에서만 진행되는 '연세' 시스템은 알고 있는가? 한 달이 아니라 1년을 기준으로 집을 빌려주는 형태인데, 대략 1년에 300만 원 정도로 통한다. 집의 크기나 교통 상태에 따라 조금씩 차이가 있고, 짧게는 1년을 빌리지만 평균 3년에서 5년 사이로 집을 빌린다고 한다.

그러나 이 방법만이 최선이냐고 묻는다면, 확실히 대답하기가 힘들다. 제주도에는 생각보다 빈집들이 많다. 그래서 조금만 눈높이를 낮춘다면 월세나 연세도 내지 않고 집을 빌려 살 수 있기 때문이다. 물론 사람이 오랫동안 살지 않았던 공간이므로, 고쳐가며 사는 것이 빌려 사는 사람의 최소한의 예의일 듯하다.

빈집을 얻기 위해 어떤 사람들은 마을 이장을 찾아간다고 하는데, 사실 이장도 모르는 수가 있다. 부동산에는 안 나와 있고, 이장도 모르는 집을 소개받고 싶다면 어떻게 해야 할까? 마을 속으로 들어가 무조건 '주민'들과 이야기를 나눠야 한다. 너무 어려운 이야기인지 모르겠으나 알음알음으로 도움을 받아 소개받는 것만이 현재로서는 가장 저렴한 가격으로 좋은 집을 구할 수 있는 유일한 방법이다.

◎ **제주 사람들이 즐겨 찾는 부동산 사이트는?**

제주 사람들도 월세를 구하기 위해 자주 찾는다는 사이트를 소개한다.

- 제주 월세닷컴 www.jejuwolse.com
- 제주 오일장 신문 www.jejuall.com
- 제주 교차로 http://jeju.icross.co.kr
- 서귀포 교차로 http://skp.icross.co.kr
- 제주 중고나라 http://cafe.naver.com/alwayssmile1

◎ **제주도 어떤 집에서 살까?**

펜션은 전화하거나 직접 찾아가서 협상하는 것이 가장 빠른 방법이다. 농가주택은 무척 낡았기 때문에 스스로 고쳐가며 살겠다는 각오가 미리 되어 있어야 한다. 전원주택은 아니지만 잘 고쳐진 농가주택의 경우, 제주시와의 접근성에 따라 연세가 250만 원에서부터 5천 6백만 원까지 다양하다.

Episode 04

아주 사소한 것까지도 감사해

제주 살림과 이사

198 아주 사소한 것까지도 감사해

잠에서 깨어나니 창밖이 어둡다. 두두둑, 창가에 빗물이 흘러내린다. 봄비다. 생각해보니 제주도에서 비를 만나는 것은 그리 이상한 일이 아니다. 여행 삼아 제주에 올 때마다 늘 맑았다 흐렸다 하는 변덕스러운 하늘과 바람, 그리고 비를 만나지 않았던가.

창문을 열어 밖을 보니 쓸쓸한 느낌이 든다. 구멍 송송 뚫린 까만 현무암이 빚어낸 낮은 돌담장에서 빗물을 토해내는 것만 같다. 만약 내가 예전처럼 제주 여행을 왔더라면, "에이, 비 오네!" 하며 작은 불평을 쏟았을 뿐 묵묵히 여행 일정을 그대로 지켰을 것이다. 그러나 지금의 나는 제주 생활자. 오늘은 아무것도 하지 않고 빈둥거리기로 다짐한다.

제주도의 강우량에는 큰 관심이 없었는데, 살려고 작정하니 비가 참 많이 온다는 생각이 든다. 평균적으로 일 년에 100일 정도 비가 온다고 한다. 산수를 잘 못해도 대략은 계산이 나온다. 사나흘에 한 번은 비가 오는 셈인데, 그렇게 따지면 제주에서 비를 피하는 방법은 별로 없을 듯하다.

비에 대해 이야기가 나온 김에, 제주 살이에서 꼭 알아둬야 할 '습기'에 대해서도 꺼내놓아야겠다. 다행히 내가 제주에서 살았던 4, 5월은 제주도에서 1년에 얼마 안 된다는 습기가 적은 달, 축복의 달이었다. 그러나 제주에서 오랫동안 살아본 사람들의 이야기를 옮기자면 이렇다.

- 6월 장마철을 겪어봐야 제주를 아는 거지.

- 여름 더위 한 번 푹 지내고 가봐야 하는데.
- 벽에 피어오르는 곰팡이를 해결하는 데는 락스가 최고야.
- 여름이 지나갈 무렵에 가죽 가방을 꺼내보았다가 깜짝 놀랐다니까. 습기가 가죽 가방을 완전 쓸어가버렸더라고.
- 장마철에는 컴퓨터가 습기로 오작동을 일으키는 경우도 많은데, 그때도 '그럴 만했어'라고 수긍하게 돼.

강우량이 많은 섬이니 그럴 수도 있겠다고 생각할 수 있지만, 제주 주민들은 항상 육지에서 온 사람들은 믿을 수 없을 정도라고 했다. 습기와 관련된 이야기는 언제나 상상 그 이상이었다. 제주 할머니들은 한겨울에도 습기 때문에 창문을 열어놓고 살기까지 한단다. 그러니 장마철엔 보일러와 제습기, 여름에는 에어컨 제습기 버튼을 누르는 것이 필수라고 할 수 있다.

빗소리를 들으며 한동안 창밖 풍경을 구경하다가, 늦은 아침밥을 지어 먹고 천천히 운전해서 한림읍에 나갔다. 생각보다 읍내가 컸다. 떡볶이 파는 작은 분식집도 있고 추억에 젖어볼 만한 빵집도 눈에 띈다. 틈틈이 보이는 옷가게와 달리 미용실은 꽤 많았다. 가게 4개에 하나 꼴로 있는 것 같았다. 나는 서울에서 이불을 챙겨오지 못한 탓에 제일 먼저 이불가게에 들렀다. 그런데 생각보다 비싸서 살 엄두가 나지 않았.

읍내 규모에 비해 꽤 크다고 느껴지는 마트도 두 곳이나 있었다. 부엌에서 사용할 살림을 장만하러 마트에 들어섰는데, 아뿔싸! 온통 나에

게 필요한 것들뿐이었다. 냄비며 밥솥은 물론이고 주걱에 수저까지 나는 아무것도 챙겨오지 못했다는 사실을 이제야 깨닫다니! 한심스럽다. 휴지도 사고, 밥그릇도 사고, 컵도 사고…… 이것저것 장바구니에 주어 담으니, 한가득이다. 도시에 놓치고 온 것들이 너무 많아 속이 상했다. 이제야 새삼 내가 제주에 여행이 아닌 삶을 살려고 왔음을 실감했다.

제주 마트에서 장을 보면서 느낀 것은 생각보다 먹을거리가 저렴하다는 것이다. 쌀을 제외하면 고기도(그 유명한 흑돼지도!), 생선도(아, 여긴 섬이잖아!), 채소도 대부분 '제주산'이라고 큼직하게 쓰여 있었고, 국내산인데도 저렴했다. 국내산 먹을거리를 이렇게 저렴하게 구입할 수 있다니! 이곳이 자급자족의 섬이었음을 다시 한 번 실감했다.

하지만 그 외의 것들은 육지에서 '수입'해야 하는 꼴이니 비싼 편이었다. 섬이란 어떤 곳인가. 육지와 뚝 떨어져 있는 곳, 두 발로는 갈 수 없는 곳, 당연히 자동차로도 갈 수 없는 곳. 그래도 가겠다면, 하늘을 날든 바다 위를 날든 무언가에 실려 날아가야 한다. 그리고 그것은 사람만이 아니었다. 그릇이며 수저와 물통이나 컵, 냄비에 행주까지 모두 육지에서 배를 타고 온 것들이다. 가구나 냉장고 같은 가전제품은 왜 아닐까.

배를 타고 섬으로 들어오는 물품들은 모두 '도선비'를 지불해야 한다. 때문에 육지에 비해 상대적으로 가격도 비싸고, 물량도 적을 수밖에 없다. 유행과도 조금 거리가 있어 보였다. 그러니 모든 물건들이 귀하

고 아쉬웠다.

뭐든지 귀하다는 생각은 나로 하여금 사물에 대한 전혀 다른 시선을 갖게 했다. 이전에 우습게 알던 것들도 이제는 그렇지가 않았다. 어제는 스케치북에 그린 그림을 고치고 싶어 지우개 하나를 살까 싶어 동네를 돌아다녔다. 그런데 돈을 들고도 지우개를 살 수가 없었다. 그동안 싸니까 흔하다고 생각했고, 그러니 아쉬운 줄도 몰랐다. 잃어버리거나 없어지면 또 사면 된다고 생각했다. 그런데 지우개 한 개도 대단한 가치가 있음을, 일상의 모든 사물에게 감사함을 느끼게 된다. 더불어 장기 여행을 준비하는 사람이라면, 필요한 물품은 가능한 많이 챙겨 오라고 권하고 싶다.

Tip.

제주 이사

◎ **제주도로 이사한다면 '신구간'은 피하라고?**

제주도에만 있다는 '신구간'이란 용어는 제주도 사람들이 이사를 다니는 특별한 기간을 말한다. 24절기의 마지막 절기인 대한(大寒) 5일 후부터 24절기 처음 절기인 입춘(立春) 3일 전까지 약 1주일간을 가리킨다.

도대체 신구간이 뭐길래 호들갑일까? 결론부터 말하면, 무려 1만 8천명이나 되는 제주토속신들이 옥황상제에게 새로운 임무를 발령(?)받는 시기이다. 옥황상제의 명을 받고 지상에 내려와 1년간의 임기를 보낸 신들이 천궁으로 다시 돌아가 세상사를 보고하고, 새로운 업무를 다시 받는 날이란다. 결국 구신(舊神)과 신신(新神)의 임무교대 시간이다. 이때, 신의 간섭 없이 조용히 이사를 하는 것이 좋다는 미신 때문에 신구간에는 제주가 이사로 들썩인다고.

신구간 동안 이사를 하는 세대가 무려 5천 세대가 넘어 제주의 가스안전공사에서는 이 시간에 24시간 비상근무체계에 돌입할 정도라고 한다. 그러니까 이 시기에 외지에서 온 사람이 집을 구하는 것은 거의 불가능하다고 할 수 있다.

Episode 05

젊은 사람이
뭐 하러 여길 왔대?

제주 이웃

여기 참 좋아. 부지런만 허면 먹고 살 수는 있어. 비오는 날이면 쉬고, 비 안 오면 콩밭도 매고 양파도 캐러 다니니까 굶을 일이 없어.

– 안녕하세요? 저 옆집에 이사 왔어요!

며칠 전, 읍내로 나가 필요한 물건들을 주섬주섬 사들고 집으로 들어오는데, 집 앞 골목에 키 작은 할머니 한 분이 앉아서 쉬고 계셨다. 어쩔까, 잠깐 고민하다 이내 큰 소리로 인사를 했다.

– 여기 이사 왔어? 까만 차가 세워져 있기에 누군가 했더니. 아니, 젊은 사람이 뭐 하러 여길 왔대? 진짜 살러 왔나?

호기심 가득한 얼굴이다. 진즉 물어보고 싶었는데 참았다는 표정으로 서서 이야기를 계속 하셨다. 젊은 사람이 왜 도시를 두고 제주라는 섬에, 그것도 중산간의 농촌 마을에 들어왔는지 이유를 듣고 싶으신 듯했다. 하지만 할머니는 이미 답을 아시는 듯 본인이 그 답을 내놓으셨다.

– 여기 참 좋아. 우리 저지리는 육지에서 와 사는 사람도 많고. 부지런만 하면 먹고 살 수는 있어. 자기만 열심히 하면 먹고 살 수 있지. 내가 나이가 일흔인데 오늘같이 비오는 날이면 쉬고, 비 안 오면 콩밭도 매고 양파도 캐러 다니니까 굶을 일이 없어. 응, 그럼. 굶을 일이 없어.

할머니의 소박한 격려가 정겨웠다. 할머니는 세 아들을 키워 모두 제

주시로 장가를 보냈다. 자동차로 겨우 30분 거리에 살지만, 멀어서 자주 못 오는 것에 불평은 없으셨다. 아직도 정정하게 일하시고, 틈이 나면 먹을거리까지 챙겨주신다. 저지리에서 나고 자랐으며, 동네 오빠와 20살에 결혼해 친정이 바로 앞이라고 하셨다. 태어나서 지금까지 저지리에서만 사셨다는 할머니는 이곳을 떠나는 것은 상상해본 적도 없다고 한다. 그런 그녀의 울타리 속으로 내가 한 발 들여놓았다는 것이 감사했다.

그렇게 며칠 동안 저지리 이웃 사람들은 나의 존재에 대해 조금씩 알게 됐다. 우리 동네는 조금은 한가한 듯 쓸쓸한 듯 노년의 삶을 사는 어르신들이 참 많다. 우리 집 뒤편에 사는 할머니는 혼자이고, 할머니 옆집은 비어 있다. 그 옆집은 노부부가 살고, 그 옆집도 비었다. 그렇게 조용하고 조금은 적적한 마을에 서울에서 도망쳐온(?) 젊은 여자가 생글거리며 인사를 건네니, 딸 같이 느껴졌나보다. 우리 울타리에 침입한 낯선 사람이 아니라, 딸이나 며느리 같은 친근한 사람이 살게 됐다고 생각하는 듯이 자연스럽게 말을 건넸다.

물론 어르신들은 내가 작가이며, 몇 달만 살다 갈 것이라고 매일 이야기해도 별로 개의치 않았다. 새벽에 밭에서 막 캐낸 굵은 양파를 대문 앞에 놓고 가기도 했고, 낮은 담장 앞에 서서 "잘 잤냐"는 인사 대신에 "김치 있어?", "무 좀 줄까?"라는 말을 건넬 뿐이었다.

그것이 제주에서 여행이 아닌 삶을 사는 내가 얻을 수 있는 가장 큰 선물이었다. 그 선물에 나는 오래 감사할 수 있었다.

Tip.
'육지 것들'과 '괸당'

◎ 제주에서 살아갈 때 꼭 알아두어야 할 두 가지는 바로 '육지 것들'과 '괸당'이다. 간단히 말하면, '육지 것들'은 육지에서 온 사람들이고, '괸당'은 친척이나 인척 등 아주 가까운 사람들을 일컫는 '권당(眷黨)'에서 온 말로, 제주토박이들을 지칭한다.

우스갯소리로 '한나라당보다 세고 민주당보다 무서운 게 괸당이다'라는 말이 있다. '강정마을 해군기지 관련' 사태에서도 외부 경찰들이 개입한 이유도 괸당문화를 무시할 수 없었던 까닭일 것이다.

제주도민들은 씨족사회는 아니지만, 육지와 멀리 떨어진 섬에서 오랜 시간을 함께한 이웃들이 많다. 그래서 성씨(姓氏)만 들어도 누구네 집 자식이며 어디에 뿌리를 두고 있는지 족보를 가늠할 수 있는 재주를 지녔다. 그것이 그들만의 끈끈한 유대감과 인간애를 바탕으로 '괸당 문화'를 형성할 수 있는 토대가 아닐까.

'탐라국'이라 불리는 곳, 교통이 편리해진 오늘날에도 육지 사람들이 알아듣기가 어려운 그들만의 언어가 존재하는 곳, 섬에서 살아가는 사람들의 생각 속에 박제된, 폐쇄된 가치가 필요한 곳, 바로 그곳이 제주도이기에, 괸당문화는 그들이 외부로부터 스스로를 지켜내기 위해 가졌던 일종의 응집력 같은 것이 아닐까. 그러니 육지에서 이주한 사람들은 융화되기 어려운 그들만의 세계가 있는 것은 어쩌면 당연하지 않을까.

괸당으로 집단을 이룬 그들은 외부에서 온 우리를 '육지 것들'이라고 부르는데, 나는 그런 표현에 결코 마음이 상하지 않았다. 섬에 사는 사람들에게 원하면 어디든 갈 수 있고, 자유롭게 외부와 소통하는 육지 것들에 어느 정도 피해의식이 있을 수 있다고 생각한다. 그래서 제주에서 살아가는 동안 그렇게 불리는 것에 그리 마음 상하지도 않았지만, 그 별명에 둔해져도 나쁠 것은 없었다.

Episode 06

제주의 대자연에 무릎을 꿇다

제주 마실 1. 오름

- 일어나, 오름 가자.

친구가 나를 깨운다. 내가 제주도에서 몇 달간 살겠다고 했더니, 내 사는 모양이 궁금했던지 회사에 휴가를 내고 찾아온 친구다. 그런데 제주까지 와서 늦잠을 자는 내 모습이 한심하다는 듯 잔소리를 한다.

- 넌 이렇게 퍼 잘라고 제주까지 왔냐? 뭐라도 해야지.

자리에서 툭툭 털고 일어나 기지개를 폈다. 친구의 잔소리에도 기분이 좋다. 집 앞에 있는 커다란 금귤나무에서 노란 열매를 두어 개 따 입에 물고 잘난 척을 한다. 피식 웃음이 난다.

아, 지금 너의 심정 나도 알아!

아침 이야기를 꺼내니, 생각나는 사건이 있다. 서울에서 나는 시끄러운 알람소리에 간신히 눈을 떴지만, 곧바로 일어나지 못하고 몇 번을 뒤척이며 몸을 비비다가 겨우 일어났다. 그런데 제주의 아침은 달랐다. 동이 트고 있음을 꿈속에서조차 알아챌 수 있을 만큼 강렬한 햇볕이 커튼 없는 창가에 직접 닿았다. 사극 드라마에서나 들었을 법한 중저음의 새소리는 '녹음해서 새전문가에게 물어볼까?'하는 의욕이 들 만큼 아침 일찍부터 쩌렁쩌렁했다. 심지어 새의 날개가 퍼득이는 소리까지 생생하게 들렸다.

도저히 가만히 누워있을 수가 없었다. '그래, 네가 그렇게 원한다면 정식으로 들어주겠어!' 하는 마음으로 창문을 열었다가, 내친 김에 현관문까지 열었다. 그런데 아뿔싸! 새가 방 안으로 날아 들어왔다. 파리나 모기 따위가 아닌, 나비나 벌 등 곤충류도 아닌 '조류'가 들어오다니! 지금까지 한 번도 겪지 못한 이 일은 지금까지 계속 반복되고 있다. 처음에는 너무 놀라 소리를 지르며 호들갑을 떨었지만, 이제는 "야, 나가!"하며 대수롭지 않게 여긴다.

때문에 제주도에 내려온 다음날부터 나는 자연이 만들어준 시간에 적응하기 시작했다. 해 뜨는 시간이 하루의 시작이고, 해지는 시간이 하루의 마감이다. 자연의 시계는 나를 요란하지 않게 길들였다.

서울에서 나는 방송작가로 살았다. '먹기'보다는 '굶기'를, '잠자기'보다는 '밤새기'를 강력추천(?)받던 삶이었다. 하루 종일 전화기를 붙잡고 전자파로 피부 마사지를 해야 하는, 주변사람들이 폐인임을 손들어 인정해줄 만큼 치열한 시간들을 살아내야 했다. 지금 생각하면 어떻게 그렇게 긴장감으로 가득한 하루를 살아냈는지 신기하다. 다시 돌이켜 보아도, 더 잘할 자신이 없을 만큼 치열하게 살았다.

그런데 재미있는 것은 그런 삶 속에서 믿기지 않을 만큼 아주 쉽게 튕겨져 나왔다는 것이다. 지금 나의 삶은 제주의 시계추에 잘 맞추어져 있다. 겨우 며칠 만에 휴대전화가 어디에 있는지 모르는 사람이 됐고, 밤 12시만 되면 신데렐라의 마법이 풀린 듯 잠에 빠져버린다. 말 그대

로 본능적으로(?) 움직이는 사람이 됐다.

그 수많은 불면의 밤은 어디로 갔을까. 새벽 3시가 되면 어김없이 일어나 글을 써야 했던 그 기나긴 시간들은 어디로 사라졌을까. 방송작가 못지않게 피폐한 삶을 자처하던 방송 PD인 내 친구가 나를 보채는 말이 반가운 것은 그런 까닭이었다.

- 그래 가자, 가. 어디 한 번 가보자.

우리 집은 올레길 14-1 코스가 있는 곳이다. 올레길은 많은 사람들이 경험하고 또 알고 있을 테지만, '길을 걷는 것'이 우리에게 주는 위로와 영감은 사실 발을 내어딛기 전에는 이해할 수 없는 일이다. 집을 잘 얻은 탓에, 나는 집 앞으로만 뛰어 나가면 이미 걷고 있는 여행자들의 무리로 섞여 들어가 곧장 오름까지 오를 수가 있었다.

- 아, 좋다!

내 입에서 뜨끈한 매운탕을 먹었을 때와 비슷한 탄성이 나온다. 잘 먹는 것만큼 잘 보는 것도 시원할 때가 있다. 내 탄성에 깜짝 놀라 친구가 이상한 듯 쳐다본다.

- 내가 지금 농촌에서 살고 있잖아. 그래서 며칠 동안 생각을 했거

든. 농촌에서 살 거면 왜 제주에 와서 살까. 육지에도 농촌이 많은데. 도대체 뭐가 다를까……. 그런데 뭐가 다른지 알아?
- 뭐가 다른데?
- 길이 다르잖아.

우리는 함께 앞을 보았다. 끊긴 듯 보였다가 다시 이어지는, 우리 앞에 펼쳐진 길. 그 길엔 숨구멍을 낸 듯 보이는 까만 돌들이 가지런히 우리를 안내하고 있었다. 내가 사는 마을의 골목을 결정짓는 것은 풀이 아니었다. 꽃도 아니었다. 그럼 돌일까? 아니다. 돌들이 쌓여 만들어진 담장이었다.

- 저기 봐봐. 어쩜 밭도 돌로 구획 정리를 해놨을까. 여기는 내 밭이고, 저기는 네 밭이고! 저 돌을 하나씩 주워 와서 쌓은 사람은 누구였을까.

제주 길에서 까만 돌담장을 뺀다면 어떤 매력이 있을까. 그리고 그 앞을 노랗게 물들인 유채꽃과 저지리의 상징인 청보리까지. 제주의 봄바람은 돌 사이를 비집고 빠져나와 유채꽃을 흔든 뒤 보리밭에서 맴돌다 사라지고 있었다.

오름은 제주 방언으로 '산'이라는 뜻을 가지고 있다. '오르다'는 느낌을 주어 정겹게 들린다. 오름은 육지의 산과는 조금 다른데, 일종의 기생화산이라고 할 수 있다. 지질학자는 아니어도, 오름길에서 용암이 흘러내린 길을 찾을 수 있다. 오름 정상에서는 분화구도 만날 수 있다. 제주도에는 대략 368개의 오름이 있다고 한다. 1년이 365일이니, 매일 하나씩 올라도 1년에 모든 오름을 오를 수 없다. 나 또한 그랬다. 매일 꼬박꼬박 오름을 오를 생각이었는데, 시간이 지날수록 비가 온다고, 일이 있다고 자꾸 핑계를 대기 시작했다. 결국 한 달간 겨우 서너 번밖에 오르지 못했다. 그래도 집 근처에 오름이 있다는 게 늘 자랑스러웠다.

- 등산길로는 이런 길이 좋아. 가파르지도 않고 나무가 우거져 햇빛도 가려주고.
- 그게 다야? 더는 없어?

- 야, 보고 느껴봐, 뭐 더 설명이 필요하냐!

방송작가로서 특유의 얕고 넓은 지식을 쏟아내자, 친구가 시시하다는 듯 핀잔을 준다. 그래도 굴하지 않고, 나는 오름의 둘레길을 천천히 걸어가면서 계속 그 얄팍한 지식을 꺼내놓았다. 4월 말인 지금이 제주산 고사리의 제철이다. 제주산 고사리는 비싸기 때문에 최근 재배가 한창일 것이다 등등. 내 말을 듣는 둥 마는 둥 하던 친구가 오름은 화산의 하나라며, 분화구를 찾겠다고 내 말을 뒤로 한 채 발길을 재촉했다.
정상에 올라 제주 서쪽 바다와 반대편을 지키는 한라산을 확인하고 바로 분화구를 찾아 한쪽 길로 내려갔는데 이내 원시림이 펼쳐졌다. 눈앞에 펼쳐진 장관은 집 앞 오름에서 만났다고 하기엔 믿기지 않을 만큼 대단했다. 사람의 발길이 끊겼던 것처럼 야생 그대로였다. 길게 늘어진 이름 모를 나뭇가지들은 밀림, 혹은 정글이라는 단어를 떠올리게 했다. 원시림에서 숨을 고른 뒤, 나는 깊게 내려온 분화구 앞에서 다시 정상으로 올라가는 수십 개의 계단을 밟아야 했다. 이번에는 내 입도 조용해졌다. 생각이 많아지는 것은 어쩔 수 없는 일이었다.
그리고 그날 이후 평지처럼 이어지는 오름의 길을 무심한 듯 걸어갈 때면 나는 '오름'에 대한 사전적 의미에 삶의 조각들을 끼우게 됐다. '오른다'는 말은 요란하지도, 뒤틀리지도 않은 정직한 표현이어서 참 마음에 든다. 나는 얼마나 정직하게 날마다 오를 수 있을까. 오름이 전하는 소박한 가르침에 내 마음은 이미 동요되어 버렸다.

Tip.
제주 마실의 매력, 오름

◎   화산이 폭발하면서 만들어진 오름은 제주도를 보다 제주도답게 만들어주는 인상 깊은 특징 중 하나다.
오름은 해발 200~600미터 사이, 해발 200미터 이하의 저지대에 주로 밀집되어 있다. 이곳에 전체 오름 중 79퍼센트가 분포되어 있다. 그런 까닭에 오름은 편한 신발만 있으면 부담 없이 오를 수 있다.
해발 600미터 이상의 고지대와 한라산국립공원 내에는 오름이 비교적 적은 편이다. 그런데 재미있는 것은 한라산 정상의 백록담을 중심으로 국립공원 안에는 총 46개의 오름이 존재한다고 한다. 기생 화산으로의 뿌리를 자체적으로 증명한 셈이다.
중산간 오름 외에도 제주에는 해안선을 따라 분포한 오름을 보는 재미도 쏠쏠하다. 제주 동쪽부터 해안을 따라 사라봉, 별도봉알오름, 별도봉, 서우봉, 지미봉, 식산봉, 성산일출봉, 붉은오름, 예촌망, 제지기오름, 삼매봉, 망밭, 월라봉, 썩은다리, 산방산, 용머리, 송악산, 수월봉, 당산봉,

도두봉 등 20개 정도의 오름이 있다. 해안도로를 따라 일주를 계획한다면, 해안 오름도 고려하면 좋을 듯하다.

내가 이번에 알게 된 정보인데, 오름 중에는 한라산 정상의 백록담과 같이 산정상부에 화구호를 갖는 오름이 9개나 있다고 한다. 현재까지 화구호가 확인된 오름은 제주시의 물장오리, 어승생, 원당봉, 한림읍의 금오름, 세미소, 조천읍의 물찻, 남원읍의 사라오름, 물영아리, 동수악 등이 있다. 이중에서 한라산 동록의 사라오름, 물장오리, 물찻 등 3개의 오름은 울창한 한라산의 천연림 속에 숨겨진 채로 남아 있다고 한다.

샘을 갖고 있는 오름도 있다. 총 37개라고 하는데, 샘을 갖고 있는 오름이 상당수가 이름에서부터 '샘이 있음'을 알리고 있다. 제주시의 세미오름, 안세미오름, 절물오름, 한림읍의 정물오름, 애월읍의 산세미오름, 켓물오름, 구좌읍의 거슨세미, 조천읍의 세미오름, 한경면의 수월봉, 안덕면의 원수악 등이다.

| 지역별 오름 분포현황(제주도청) |

Episode 07

상추를 사겠다고?
심어 먹어!

텃밭 가꾸기

제주에서 무엇을 먹고 살았는지 이야기하기 전에 먼저 밝히고 싶은 것이 있다. 나는 특별히 이상적이지 않으며, '유기농'이라든가 '친환경'이라는 단어를 수호하기 위해 어떤 양보를 하면서 새로운 원칙을 가져본 적이 없는 사람이다. 내게 온 화분은 한 달을 버티지 못했으니, 생명을 돌보는 것과도 인연은 없다. 이런 사실을 미리 고백하는 것은, 이제 말하게 될 이야기들이 내 평생 최초의 경험이기 때문이다.

허겁지겁 짐을 싸서 제주도에 도착한 날부터 나는 '먹고 사는 문제'가 내 하루에 가장 중요한 이슈가 되었다는 것에 소스라치게 놀랐다. '무엇을 먹을 것인가'라는 질문은 아침에 눈을 뜨면서부터 시작되는 나의 가장 큰 고민거리가 됐다.

우리 동네에 식당이라고는 말고기를 파는 집 달랑 하나뿐이다. 먹을 것을 파는 상점은 하나도 없다. 그 흔한 라면도 없다. 제주도에 내려온 날, 서울에서 들고 온 라면 한 개를 끓여 먹었다. 물론, 차를 타고 8킬로미터가 떨어진 읍내까지 가서 장을 보면 된다. 그러나 장 보는 일을 매일 반복할 수는 없었다.

뭘 먹지?

사실, 이 질문은 이렇게 고쳐야 한다.

뭘 가지고 뭘 해 먹지?

바쁜 일이라고는 하나 없는데도, 먹을 것에 대한 걱정은 깊어만 갔다. 때가 되면 배는 왜 이렇게 고픈지……. 끼니 시간을 정확히 알려주는 나의 몸에 적잖이 놀라기도 했다. 서울에서의 나는 하루에 두 끼도 버거웠다. 한 끼만으로도 충분했다고 자신 있게 말할 수 있다. 정말.
'아침'과 '먹는 시간'은 동의어가 아닌가 하는 낯선 생각은 나를 새로운 경험으로 이끌었다. 음식을 해 먹는 일이 문제가 아니라 재료를 구하는 것에 한계를 느끼면서부터 나는 가장 효율적이면서도 확실한 장기 계획을 세워야 했다. 그것은 밭에 씨를 뿌리는 일이었다.
이런 계획은 읍내 마트에서 우연히 엿들은 어느 부부의 대화에서 시작됐다. 채소 코너에서 상추를 비닐봉지에 넣고 있는데, 한 여자가 다가왔다. 내 옆에서 나와 같이 상추를 고르는 남자의 손등을 손으로 툭툭 치면서 말했다.

　- 뭐야? 이걸 지금 사겠다는 거야?
　- 응. 고기랑 먹으려고.

그랬더니 여자는 흰자위가 보이도록 눈을 위아래로 움직였다. 그리고 곧바로 던진 앙칼진 한마디!

- 미쳤냐? 가서 심어 먹어, 이씨!

마치 나에게 하는 소리처럼 들리는 것은 왜일까?
그 여자의 목소리에 기가 한껏 눌린 나도 그 남자 뒤를 따라갔다. 그리고 한쪽에 마련된 씨앗 코너로 따라 걸어가, 주섬주섬 상추와 깨의 씨앗을 골랐다. 언젠가 나의 정원이 생기면 꼭 심겠다고 다짐했던 채송화 씨앗도 집어 들었다. 농사 경험이 전혀 없는 내가 용감하게 씨앗을 골라든 것은 그 여자가 덧붙인 말 때문이었다.

- 지금 심으면 한 달 후에 먹을 수 있잖아.

집에 와서 곧바로 앞마당에 딸려 있는 작은 텃밭을 매만졌다. 몇 달간 사람의 손길을 받지 못한 땅은 딱딱했고, 텃밭은 휑했다. 경험은 없지만, 어느 정도의 기초 상식이라고 할까? 딱딱해진 땅을 부드럽게 해줘야 씨앗이 잘 자랄 것 같았다. 그래서 시장에서 구입한 호미로 땅을 갈아엎기 시작했다. 호미 하나로 딱딱해진 땅을 두드려도 보고, 풀을 뽑아내기도 했다.
그러나 텃밭에서 그 많은 돌들을 모두 골라내는 것은 불가능해보였다. 제주에 돌이 많다고는 들었지만, 이렇게 많을 줄이야! 그런데 이 돌들이 비가 오면 물을 먹었다가, 가뭄이 들 때 물기를 밖으로 뿜어줘서 작물이 잘 자란다고 한다.

아까보다 훨씬 부드러워진 흙에 고랑을 만들어 상추와 깨의 씨앗을 뿌렸다. 텃밭 가장자리에는 채송화 씨앗을 심었다. 그리고 물은 흠뻑 주었더니, 왠지 모를 뿌듯함이 몰려왔다.

그날부터 매일 싹이 나오는 것을 기다렸다. 그러기를 며칠. 조금 지친 나는 우리 집 대문에 매달려 신나게 텃밭 구경을 하는 동네 할머니들에게 격한 조언을 들었다.

- 모종을 갖다 심어봐, 그럼 금방 나오수깡.
- 모종은 어디서 사요?
- 오일장 가야지!

할머니들은 오일장에 가면 먹을 것도 많고 살 것도 많다면서, 거기 가서 꼭 모종을 사와 심으라고 했다. 그리고 이런 말을 덧붙였다.

- 김치는 있어? 내가 좀 줄까?
- 마늘종 먹을 줄 알어? 것도 좀 갖다 먹을래?
- 무는 있나?

나는 전쟁터에서 전우를 만난 것처럼 기분이 좋아졌다. 방송 프로그램을 만들 때는 나와 같이 욕을 바가지로 먹는 피디나 작가들이 나의 전우였지만, 지금은 '나의 먹을 것'을 함께 걱정해주는 할머니들이 나의

텃밭 가꾸기

전우다. 쪼골쪼골한 주름이 얼굴을 가린 할머니들은 모두 나와 같은 인생고민을 가진 사람들이라는 것을 쉽게 알아챌 수 있었다.

나는 파란 지붕 아래에서 사는 할머니 집까지 쫓아가 음식재료들을 이것저것 얻어왔다. 그중에서 며칠 전 밭에서 땄다는 마늘종을 들고 잠시 고민했다. 할머니가 정성껏 다듬은 마늘종. 툭툭 썰어서 요리만 하면 되는데, 도대체 엄두가 나지 않았다. 할머니는 쉽다고 하셨지만 말이다.

에라, 모르겠다!

장아찌는 어려우니, 볶음 요리나 해야겠다 싶어 프라이팬에 올리브기름을 둘렀다. 다진 마늘을 넣고, 팬이 후르륵 달아올랐을 때 먹기 좋은 크기로 썬 마늘종을 넣었다. 그리고 간장 몇 스푼에 달달 볶다가 마른 새우 투하! 마지막으로 물엿도 살짝 넣고 다시 졸이면 끝! 어제까지만 해도 밭에서 자라던 마늘종은 오늘, 그렇게 나의 밥상에 급하게 올라왔다.

'제철 음식이 몸에 좋다'는 말은 귀가 따갑게 들었지만, 이렇게 감격까지 할 줄이야! 제철음식을 먹어본 내가 강조하건데, 몸도 몸이지만, 맛도 정말 좋다.

텃밭 가꾸기   231

Tip.

**텃밭에서 얻은
제주 스페셜 푸드 '금귤잼'**

◎　　어느 날 주렁주렁 열매를 달고 서 있는 금귤나무가 너무 뚱뚱해보였다. 어쩌면 저렇게도 열매가 많이 열렸는지, 매일 따먹는 거로는 도저히 감당이 되지 않을 것 같았다. 또, 밤새 부는 바람에 그만 땅에 떨어진 금귤을 다음날 아침마다 주워 먹는 일도 이제는 그만 해야겠다는 생각이 들었다. 그래서 무턱대고 잼 만들기에 돌입했다.

딸기나 포도로 잼을 만들어 본 적은 있지만, 금귤은 처음이었다. 하지만 별로 걱정은 하지 않았다. 부엌 바닥에 자리를 깔고 앉아 금귤을 다듬기 시작했다. 믹서는 없으니, 순전히 손놀림만이 필요했다. 소쿠리에 수북한 금귤에 좌절하지는 않았다. 그러나 그 다음이 문제였다.

탱글탱글 굴러가는 금귤을 도마에 올려놓고, 중심을 잡아 칼집을 하나 넣으면 우지끈! 지 몸뚱이만 한 씨가 느껴진다. 손톱만 한 금귤 안에 딱딱한 씨가 무려 다섯 개씩이나 들어 있다는 것을 알고 난 뒤부터 슬슬 후회가 밀려왔다. 나, 또 일 벌린 것은 아닐까……. 하지만 여기서 포기할쏘냐!

저녁을 먹고 바로 작업(?)했으니, 아마도 오후 8시부터 금귤을 다듬은 듯하다. 그리고 지금은 10시를 넘어가고 있다. 2시간 동안 금귤만 다듬은 것이다. 소쿠리 가득한 금귤을 모두 다듬어 냄비에 넣고, 가스레인지를 켰다. 다시 2시간 동안 불 앞에 있어야 한다. 그렇지 않으면 금귤이

탈 수 있다. 정성껏 금귤을 휘휘 저어 드디어 잼을 완성했다.
 만들기 과정은 힘들었지만, 완성한 후의 그 뿌듯함이란! 어쩌면 그렇게도 향이 깊고 진한지. 완벽한 당도에 살짝 시큼한 맛까지 만족스럽다. 그렇다! 내가 유기농 초특급 금귤잼을 완성해내고 말았다.
사실, 잼이라고 말하기에는 조금 찔리는 구석이 있다. 물에 타면 달콤한 금귤차가 되기 때문. 금귤잼과 금귤차 사이를 오고가는 요술 같은 나의 스페셜 푸드!

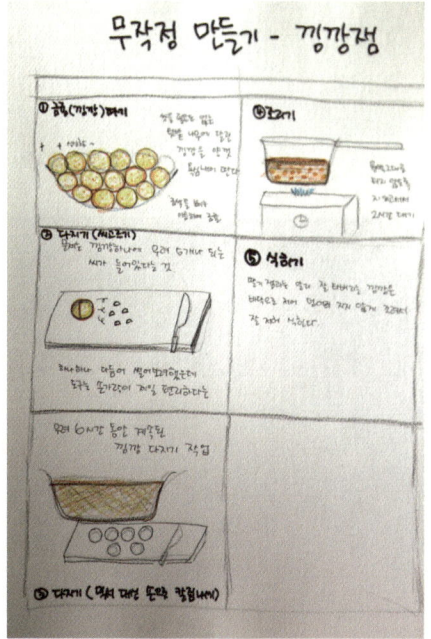

Episode 08

이게 참옥돔이야, 먹어봐!

제주 오일장

며칠 뒤, 마을 할머니들의 조언에 따라 오일장에 갔다. 제주도에서 오일장은 상거래의 말단에 자리 잡은 가장 오래된 시장이다. 거기에 지금껏 가장 활발하게 장이 이루어지는 제주의 변함없는 대표 시장이다.

저지리에서 가장 가까운 한림오일장은 매월 4일과 9일에 장이 선다. 그날은 아주 멀리에서도 오일장이 열렸음을 한눈에 알 수 있을 만큼 많은 차들이 시장 입구까지 주차되어 있었다.

장바구니를 들고 재래시장으로 들어섰다. 먼저 시장기를 달래기 위해 호떡 하나를 사서 입에 물었다. 그리고 감자와 양파, 호박이나 멸치 같은 기본 재료부터 사들인 후, 모종 코너로 갔다. 그러나 모두 어린 새싹뿐이니, 도대체 무엇이 무엇인지 알 수가 없어 계속 질문을 해댔다.

- 이건 뭐예요? 저건 뭔가요?

한눈에 봐도 초보자인 자태를 내뿜으며 주변을 어리바리하게 어슬렁거리니, 보다 못한 주인아주머니가 알아서 모종을 척척 골라내준다.

- 이건 적상추, 부드럽고 맛있어요. 이건 청상추, 이것도 같이 키워 먹고. 뭐 치커리도 좀 줘볼까?

전문가의 견해에 따라 내가 가져갈 모종들이 천 원어치씩 줄을 선다.

하지만 나의 호기심이 아직 가시지 않았으니, 나의 질문도 계속 이어졌다. 그리고 귀에 들리는 한마디!

- 방울토마토?
- 어? 방울토마토요? 이거 심으면 진짜 토마토 열려요?
- 그럼 열리지. 안 열릴까?
- 이거 심으면 얼마나 기다려야 먹을 수 있어요? 한 달 지나서 먹을 수 있어요?
- 한 달 지나면 열매가 맺기는 할 텐데. 왜 한 달만 먹고 안 먹게?
- 아, 이것도 같이 주세요!

달걀판에 달걀이 담기듯이 예쁘게 자란 모종이 모종판에 하나씩 심어져 있었다. 그것을 하나씩 쏙 빼서 흙과 함께 담으면 완벽하게 낱개 포장이 되었다. 가격도 매우 만족스러웠다. 대략 모종 6주에 천 원 정도. 다음으로 생선가게에 갔다. 전국은 지금 고등어 가격이 들썩인다는데, 이곳 제주도에서는 5천 원을 내면 탱탱한 라인을 가진 고등어를 무려 8마리나 살 수 있다. 반은 조림용, 반은 소금을 뿌려 자반용으로 만들어 달라고 했다.
고등어를 샀더니, 이제 다른 생선들도 눈에 들어온다. 특히 처음 본 듯한 시커멓고 작은 생선이 띄었는데, 무언지 모르겠다.

- 어머니, 이건 뭐예요?

지금이 제철인 제주도 특산물 '자리돔'이라고 한다. 지갑을 열어 5천 원어치를 샀다. 그런 내게 할머니는 고급 정보를 난사하기 시작했다.

- 이 자리돔이 조려 먹으면 그렇게 맛있어. 간장에 물 자작자작 붓고, 물엿 넣고 천천히 조리면 밑반찬으로 아주 맛있어. 그렇게 맛있다니까!

고등어나 갈치를 고추장 양념에 빨갛게 조려 먹어본 적은 있다. 하지만 내 손바닥보다 작은 생선을 하나씩 간장에 조려 먹을 생각을 하니, 괜히 속이 매슥거렸다. 그래도 '제주도 밥상에 이런 제철 토속 밑반찬 하나는 있어야지 않겠나' 하는 생각에 용기를 얻어 도전해보기로 했다.
자리돔까지 장만했지만 나는 생선가게를 떠나지 못하고 기웃거렸다.

 - 옥돔은 없어요?

혹시나 하고 여쭈었더니, 할머니는 감춰두었던 옥돔을 쓰윽 꺼내 보여준다. 나는 장난삼아 의심의 눈으로 여쭈었다.

- 이거 중국산 아니에요?
- 응. 중국산 맞아.

할머니는 망설임도 없이 고개를 끄덕였다.

- 그래요? 그럼 안 살래요.

그러자 할머니는 어이없다는 듯 웃었다.

- 여기는 다 중국산이야. 근데 이거, 한국 사람이 잡은 중국산이야.
- 그게 무슨 뜻이에요?
- 여기 옥돔 다 한국 사람들이 중국 배 타고 잡아온 건데, 중국배가 잡았으니 중국산이지. 그렇지만 한국 사람이 잡아서 손질 잘 해서 보관까지 잘 했으니 상태 좋은 거야. 걱정 말고 먹어봐. 게다가 이게 참옥돔이야. 먹어봐.

무엇이 사실이고 어떤 것이 진실인지는 별로 중요하지 않다. 나는 고발성 시사 프로그램을 위해 자료 조사를 하는 작가가 아니다. 어떻게든 먹고 살아보겠다고 제주도 주민 선배들에게 배우고 있는 것이 아닌

가. 겸손한 마음이 들어 권해주는 옥돔 하나를 들고섰는데, 만 원이라는 가격이 비싸다고 느껴졌다. 그래서 선뜻 담지 못하고 만지작거리고 있었다. 그런 내 마음을 알아챈 생선가게 할머니는 호주머니에서 꼬깃꼬깃 생선 냄새가 나는 천 원짜리 두 장을 꺼내 내 손에 쥐어준다. 그리고 나의 눈을 마주하고는 고개를 끄덕끄덕하는데, 이런 소리가 들리는 듯하다.

그래 그래, 알아 알아······.

그날 오후, 시장에서 산 모종을 텃밭에 심었다. 청상추, 적상추, 치커리까지. 모두 심어 놓으니 제법 그럴싸한 텃밭처럼 보였다. 그리고 한 달 뒤부터 나는 믿기지 않을 만큼 세상에서 가장 행복한 밥상을 차릴 수 있게 됐다.

쌀을 씻어 밥을 안친 뒤 텃밭으로 갔다. 먹을 만큼의 상추를 따서, 작은 것은 샐러드처럼 겉절이를 하고, 조금 큰 것은 깨끗하게 씻어 쌈으로 먹었다. 아삭아삭한 싱싱함이 입안에 돌면 가슴까지 뿌듯했다. 게다가 밭에 잡초처럼 자라는 풀들이 놀랍게도 부추라고 했다. 주인아저씨가 심어 놓았던 듯하다. 부추는 뜯어 김치도 담그고 장에서 사온 매운 고추와 함께 부추지짐이를 해 먹었다. 세상에 부러울 것 없는 건강한 맛이 났다. 지난번에 밭을 갈면서 뽑아 뒀던 쪽파로 파김치도 담갔는데, 매운 맛이 전혀 나지 않아 놀랐다.

제주 오일장

유기농 친환경 쌈에 새순 샐러드와 겉절이, 마늘장아찌와 자리돔 조림에 부추김치까지! 어느새 밥상은 내가 가장 좋아하는 음식들로 가득 찼다. 거기에 시장에서 사다 놓은 두부를 아껴 썰어 된장찌개 끓이면 완벽한 밥상이 된다. 무엇이 몸 어디에 좋은지는 몰라도, 내 손이 닿아 차려진 건강하고 행복한 밥상. 그저 가슴이 환해지는 즐거운 밥상, 그래서 이것은 나에게 위대한 밥상이다.

Tip.

제주 오일장

◎   제주 오일장은 관광객을 유치하기 위해 일부러 개발된 관광 상품이 아니다. 1999년에 지역 주민들을 위해 만든 시장이다. 즉, 제주도에서 지역민들이 생산한 농수산물을 직판할 수 있는 장소를 만들어 상거래를 활성화시키기 위해 재정비한 것이다. 그 비용만 해도 6억 4천만 원이 들었다고 한다.

그러나 아쉽게도 북제주군에 있는 애월 오일장과 고산 오일장은 기능이 쇠퇴하여 1998년에 폐지됐다고 한다. 현재 서귀포시 중문, 북제주군 세화, 남제주군 대정, 고성 등 총 8곳에서 오일장이 열리며, 날짜는 각각 달리하여 장이 이어지고 있다고 한다.

만약 당신이 제주에서 살 계획이라면 알아두고 활용하면 좋을 정보다.

- **1일과 6일**은 하귀, 모슬포, 성산
- **2일과 7일**은 제주시, 신창, 안덕, 표선
- **3일과 8일**에는 애월, 조천, 중문, 남원
- **4일과 9일**에는 서귀포, 고성, 한림
- **5일과 10일**에는 남읍, 고산. 세화

나는 그 중에서 세화 오일장을 추천하고 싶다. 까닭은 유일하게 바닷가에 있는 시장이기 때문이다. 시장도 보고, 푸른 바다도 구경하면 일석이조가 아닐까.

Episode 09

달밤에 괸당과
배드민턴 치기?

마을 동호회

> 정작 나는 도대체 왜
> 실력이 나아지지 않는가?
> 콕이 아플까봐 살살 치는겨?
> 약도 없고 성질이 없어서
> 퍽퍽 못 치는겨?

도시에서 살 때는 해가 몇 시에 지는지 관심을 가져 본 적이 없다. 가끔 일몰이 장관이라는 여행지에 가면, 인터넷으로 일몰 시간을 검색한 적은 있지만 말이다. 그도 당연한 것이 서울에서 밤이 캄캄했던 날이 얼마나 될까. 해가 지면 거리에는 하나둘 가로등이 켜지기 시작한다. 어둠을 내리기도 전에 아름다운 조명들이 다시 세상을 밝혔다. 그러면 낮에는 볼 수 없던 도시의 밤풍경이 드러난다.

제주도에서 살면서 나는 밤이 이토록 캄캄하다는, 당연한 자연의 진리를 실감했다. 우리 동네에는 가로등이 거의 없다. 내가 알고 있는 것은 겨우 하나. 집 앞 건너편에 있는 것인데, 주변이 얼마나 캄캄한지 가로등 하나가 밝히는 빛이 엄청나다.

너무 깜깜해서 가로등 하나만 더 달아달라고 민원을 넣을까도 생각했다. 그런데 '감귤 꽃이 피려면 캄캄해야 한다'는 주민의 말에 나는 도시적인 생각을 금세 접었다.

밤은 당연히 캄캄하고, 가로등은 없으니 앞은 아무것도 보이지 않을 테고, 그러면 밤 산책도 할 수 없다는 결론이 내려졌다. 결국 밤에는 외부활동을 전혀 할 수 없다는 뜻이다. 이것은 나에게 해가 지는 시간이 곧 집이라는 감옥에 갇히는 알람과 같은 것이었다. 어두워지면 나는 문을 닫고 방에 앉아 가만히 생각만 할 수 있을 뿐이다. 더 이상 움직일 만한 일은 아무것도 없었다.

어둠에 갇히고 방에 갇혀 잠이 들 때까지 몇 시간을 무료하게 보내던 것도 며칠. 나는 용기를 내어 어둠을 뚫고 밤 산책을 시도했다. 그런데

마을 동호회

어디선가 '음', '얍', '헉' 하는 외마디 외침이 들렸다. 옅은 빛 사이로 우리 집에서 1킬로미터 떨어진 곳에 있는 유일한 초등학교가 보였다. 그곳 체육관에서 몇몇 사람들이 모여 배드민턴을 치고 있었다. 처음엔 그들을 절대 방해해서는 안 된다는 생각이 들었다. 그러나 이렇게 캄캄한 밤에 누군가 움직이고 있다는 사실에 흥분이 됐다.
어느새 나는 체육관 문을 열고 안으로 들어가고 있었다.

   - 안녕하세요?

도시 여자처럼 또박또박 표준어를 써가며 인사를 하는데, 몇몇 사람들이 제주도 방언으로 답을 주었다. 그러나 대부분의 사람들은 조금 적대감이 깃들어 있었다.

   - 저도 배드민턴 칠 수 있을까요?

마치 '외로우니, 놀아주세요'라고 말하는 것처럼 절박한 마음을 그대로 담아 다시 한 번 말을 건넸다. 그때 열심히 배드민턴을 치던 사람들이 한 두어 걸음씩 내 앞으로 다가왔다.

체육관 안에서 배드민턴을 치던 사람들은 대략 10여 명. 그중에 한 사람은 저지리의 전(前) 이장님이었다. 농협지점장님, 수십 마리의 돼지를 키우는 축산업 사장님, 누구의 아내 등등 자신을 소개하는 사람들. 중요한 것은 모두가 이 마을에서 20년, 30년 이상을 함께 살아온 괸당들이었다는 것.

누가 무식하면 용감하다고 했던가! 나는 절박하면 용기가 생긴다고 말하고 싶다. 나는 배드민턴을 하나 빌려 들고 괸당의 무리 속으로 걸어 들어갔다.

대부분의 사람들이 그렇듯이, 나도 어린 시절에 특별한 계기 없이 배드민턴을 조금 배웠던 기억이 난다. 그래서 배드민턴을 잘 치지는 않지만, 조금은 만만한 스포츠라고 생각했다. 그러나 그것이 문제였을까. 내가 볼을 두세 번 치고받자, 총무 아저씨가 내게 정식으로 회원가입을 제안했다. 가입비는 따로 받지 않을 테니, 월비만 내라고 했다. 그 제안을 흔쾌히 받아들이자, 하나 둘씩 회원들이 내 앞으로 다가왔다. 그때부터 배드민턴 개인 교습이 시작됐다.

- 내가 드라이브를 가르쳐줄게요.
- 클리어를 한번 해볼까요?
- 힘껏, 힘껏, 활시위를 당기듯이! 어깨를 움직여서, 손목 스냅을 이용해서!

거침없이 쏟아지는 조언들. 나는 그들에게 단번에 만족시킬 수 없는 몸치임을 고백하고 싶었다. 그러나 몇 번의 한숨과 절망의 고갯짓이 지난 뒤, 우리는 가까운 친구가 됐다. 전(前) 이장은 늦은 밤에도 불구하고, 나를 자신의 집으로 초대해 귤 초콜릿과 한라봉, 그리고 차 한 잔을 권했다. 총무는 문자를 서로 주고받는 '카톡 친구'가 되었다. "저는 저청 배드민턴 동호회 회원이에요"라는 말은 저지리라는 작은 세상에서 거리감 없이 주민들의 무리 속으로 들어가는 급행열차 티켓과 같다고 할 수 있다.

제주 토박이로 살아가는 괸당들과 진짜 친구가 되고, 그들과 더불어 살아가는 것이 주는 심리적 안도감이란! 내게 안부를 묻고 일정한 시간이 되면 나를 기다리는 주민들이 있다는 것은, 그리고 제주에서의 삶을 계획하는 내게 도움을 줄 수 있는 사람이 있다고 믿는 것은, 이전과는 다른 만족감을 주었다.

하지만 이쯤에서 진실을 밝힐 때가 됐다. 저녁 8시만 되면 꼬박꼬박 배드민턴을 치러 체육관에 가지만, 나는 여전히 동호회의 '구제불능 깍두기'라는 것. 우리 동호회 창단인이자 1대 회장님의 지속적인 격려와 섬세한 강의가 매일 이어지고, 2대 회장님의 눈높이 강의와 다정한 격려가 쏟아지고, 3대 회장님의 강한 트레이닝에도 불구하고 말이다. 3대 회장은 나의 스윙 자세를 얼마나 매서운 눈으로 쳐다보는지 부끄러워 눈을 맞출 수가 없다.

그래서 매일 밤 10시 즈음이 되면, 역대 회장들이 한자리에 모여 '정 작가는 도대체 왜 실력이 나아지지 않는가'라는 주제로 토론을 벌이고 만다.

- 콕이 아플까봐 살살 치는겨.
- 악도 없고 성질이 없어서, 퍽퍽 못 치는겨.
- 아녀, 그냥 힘이 없당께.

그렇다. 나는 배드민턴 동호회의 고민거리다. 인정!

> Tip.
> **육지 것들이 괸당과 친해질 때
> 알아야 할 것들**

◎   제주 사람들이 텃새가 심하다는 이야기를 자주 듣는다. 나는 이 부분에 대해서 일단 고정관념은 버리라고 말하고 싶다. 제주라는 곳이 섬이라는 사실을 늘 기억해야 한다. 내가 살던 마을의 어르신들은 그곳에서 태어나 평생을 보낸 분들이 대부분이었다. 때문에 자신들만의 세상에서 사는 것이 익숙한 사람들이었다.
게다가 마을 사람 대부분이 가족으로 이뤄진 셈이어서, 그런 묶음 속에 외부 사람이 들어가는 일은 결코 쉬운 일은 아닐 것이다. 반면에 제주 토박이들도 자신이 살던 터전에 낯선 육지 사람이 온다면 당연히 관심을 가질 수밖에 없다고 생각한다. 만약 호기심 가득한 눈으로 당신을 관찰하는 시선이 싫다면, 스스로 그들로부터 분리될 수밖에 없다. 그러니 그들이 갖는 관심에 부담스러워 말고 먼저 다가가라.
내가 살면서 만난 이웃 주민들과 동호회 친구들은 나에게 '아무런 대가 없이 마음을 주는 사람들'이었다. '촌에서는 인사만 잘 해도 먹고 살 수 있다'라는 말을 들은 적이 있는데, 제주도에서도 역시 예외는 아니었다. 눈을 마주치는 사람들에게 반갑게 인사를 건네고, 그들이 묻기 전에 나를 먼저 소개해보자. 나는 누구이고, 왜 이곳에 왔으며 지금 어떻게 살고 있는지 말이다. 그러면 그들은 생활은 괜찮은지, 불편한 것은 없는지 등

진심으로 걱정해주고 도와주려 할 것이다. 무엇을 먹을 것인가와 무엇을 해서 먹고 살 것인가의 두 가지 문제를 가족처럼 궁금해하는 그들은 결코 손을 내미는 육지 것들에게 고개를 돌리지는 않을 거라고 장담할 수 있다.

제주의 어디에서 살게 되든지, 조금 긴 여행을 하느라 오래 머물게 되든지 상관없이 괸당을 만나면 먼저 다가가 반가운 인사를 건네라고 조언해주고 싶다.

저청 배드민턴 동호회 초대 회장님이자 저지리 전(前) 이장님인 좌경진 님은 지속적인 격려와 섬세한 강의로 정 작가를 배드민턴 세계로 이끌어주었다.

현재 회장직을 맡고 있는 김성후 님의 서브는 강하다!

Episode 10

괸당이 가장 많이 모이는 곳은?

제주마실 2. 경마장

252   괸당이 가장 많이 모이는 곳은?

제주에서 산 지 한 달하고도 며칠. 나는 우리 동네에서 걸어서 갈 수 있는 관광지는 모두 다녔다. 그런데도 나는 내가 너무 게을러진 것이 아닌지 탓하기 시작했다.

제주에서 산 지 한 달이나 됐는데, 이쯤 되면 제주 마실도 주민들처럼 다닐 만도 하지 않아?

그렇게 제주 마실이 시작됐다.
웬만한 식당에는 모두 있다는 관광지도를 펼쳐놓고 내가 가봤던 곳과 가지 않았던 곳을 표시했다. 그랬더니 내가 가봐야 할 곳이 별로 없었다. 가보지 않은 곳은 역시 지금도 구미가 당기지 않았다. 관광객을 위해 만든 비싼 휴양지는 내키지 않았다.
그렇게 이곳저곳을 찾다가 마을 사람들에게 여쭈었더니, 산방산을 권했다. 내가 사는 곳에서 가깝기도 해서 나는 쉽게 응했다. 하지만 도착해보니 또 다른 고민에 빠져야 했다. 30도에 육박하는 초여름 날씨. 아무래도 등산은 용기가 나지 않았다.
고개를 돌려 용머리 해안 쪽으로 걸어 내려갔다. 그런데 생각보다 많은 사람들이 줄을 지어 걷고 있었다. 바닷가 입구에서는 입장료를 받고 있었다. 제주 도민은 무료 입장이지만, 관광객이라면 2천 원을 내야 한다. 괜히 심술이 났다. 완전한 제주 도민은 아니지만, 돈을 내라는 게 억울하게 느껴졌다. 나는 괜히 시비를 걸었다.

- 그런데요, 바닷가를 걸어가는 데 돈을 내라는 거예요?

입장권을 팔고 있던 직원에게 묻자 별로 명쾌하지 않은 답을 해준다.

- 바닷가에 가면 자연경관이 있는데 그게 국가 문화재거든요.

제주도에 내려와 살던 기간 동안 나는 나도 모르게 내가 제주 도민이라는 착각에 빠져 지낸 것 같다. 그래서 '제주 여행'이라든가 '제주 관광'이라는 생각은 아예 버리고, 잠깐 동네 산책이나 가는 정도로 생각해버린 듯하다.

제주 사람들은 쉬는 날에 어디에서 놀까?

또 다른 차원의 궁금증이 생겼다. 생각 끝에 집을 나서 찾은 곳은 경마장이었다. 휴일에 주민들이 가장 많이 보일 만한 곳이라는 조건에 가장 잘 맞는 곳이라 생각했다. 왜냐하면 경마장과 경마공원은 가족이나 연인들의 나들이 코스로 적당하지 않을까? 또한, 말이 유명한 제주도에서 경마는 제주 주민들에게 큰 사랑을 받고 있는 스포츠라고 했다. 내가 찾은 날에도 주차장에는 자동차들로 가득했다. 어느 정도 인파가 몰리는지 직감할 수 있었다.
나는 경마에 경험은 없었지만, 호기심에 정보지를 구입해 들고 기초

지식을 동원해 그들의 무리 속에 섞여 표를 한 장 샀다. 겨우 5천 원을 걸었을 뿐이지만, 경기장으로 입장하는 말들을 사뭇 진지하게 쳐다보았다. 서울에선 취급(?)도 안 해줄 것 같은 키도 작고 다리도 짧은 제주 전통 조랑말들이 기수의 손에 이끌려 레일에 맞춰 천천히 걷고 있었다. 조금은 우스꽝스러워 보이는 조랑말들의 행진!

하지만 시합이 시작되니 상황은 전혀 달라졌다. 경쾌한 신호음에 맞춰 조랑말이 뛰기 시작하자, 장내는 순식간에 뜨거워졌다. 관람객들의 환호가 경마장을 가득 메웠다. 기수들은 믿을 수 없는 속도로 앞으로 달려 나갔다. 장내 아나운서의 흥분된 목소리가 더욱 우리를 열광하게 만들었다. 나도 어느새 그들과 섞여 목소리를 높이고 있었다. 조랑말, 기수, 관람객, 아나운서는 물론이고, 경마장 위를 나르는 새들까지도 열을 올리는 듯했다.

256   괸당이 가장 많이 모이는 곳은?

아쉽게도 내가 선택한 조랑말은 우승을 거두지 못했지만, 찰나의 흥분은 좀처럼 가라앉지 않았다.

내가 사는 중산간 지역에서 말을 보는 일은 그리 진귀한 풍경은 아니다. 도시에서 개를 보는 것만큼 일상적이다. 우리 집 건넛 집만 해도 말을 두 마리나 키우고 있다. 중산간 지역에는 말 농장도 많다. 우리 동네에서도 큰 길을 건너 오름 산책길에 오르면 농장을 볼 수 있다.

예술인마을 쪽으로 걸어 가다보면, 도대체 왜 여기에 있는지 알 수 없는 조랑말이 줄에 묶여 나무 곁을 지키고 서 있다. 그리곤 그곳을 지나가는 사람들을 되레 말이 관찰하는 듯 보인다. 말조차도 나를 육지 것으로 보고, 낯선 사람이라며 호기심을 갖는 게 아닌가 하는 착각까지 갖게 만든다.

자동차를 타고 간다면 더 말할 것도 없다. 우거진 풀들 사이로 점잖게 고개를 들었다 숙였다 하며 나를 힐끔힐끔 보는 말들의 행진. 그것이 제주만이 보여줄 수 있는 진짜 제주의 풍경이 아닐까.

Tip.

제주 주민이라서 알게 된 곳
'전쟁역사 평화 박물관'

◎　- 제가 저지 주민으로서 꼭 가봐야 할 곳이 있다면 어디일까요?

저청 배드민턴 동호회 역대 회장님들께 진지하게 물었다.
1대, 2대, 3대 회장님이 잠깐 진지하게 의논을 하시더니, 현(現) 회장님인 3대 회장님께 공을 넘긴다. 개인택시 드라이버인 만큼 회장님이 가장 정확한 분석을 해줄 수 있을 것이라는 기대가 들었다. 그가 추천해준 곳은 우리 옆 동네인 청수리에 있는 '평화 박물관'이었다.

- 거긴 꼭 가봐야 해. 거길 가면 애국심이 생기고 국가관이 세워지지. 생각해봐, 나 같은 사람이 무슨 국가관이 있고 애국심이 있겠나. 그런데 내가 거기를 가서 보니까, 애국심이 팍, 오면서 태극기가 아름답게 보이더라니? 꼭 가봐야 해. 음. 그렇지. 당장 내일 가봐.

이야기가 이렇게 되니, 2대 회장님께서 도움을 주신다.

- 그럼 내가 내일 시간을 내서 모시고 가야 하나?

그러자 1대 회장님이 전화기를 들고 이 상황을 깔끔하게 정리해 주신다.

- 아, 과장님? 바쁘요? 저기 서울서 내 동생이 왔는데, 내일 거기를 좀 가보고 싶다고 하네요.

그렇게 해서 찾게 된 평화 박물관에서 나는 제주도가 안고 있는 슬픈 역사의 단면을 보게 되었다. 일제강점기에 징용을 나가 가마오름에 땅굴을 파며 청춘을 보냈던 아버지의 슬픈 삶 때문에, 그의 아들은 땅굴에 집착하며 성장했다. 어른이 된 아들은 돈을 벌자, 가마오름 근처의 땅을 사들였다. 그리고 주변의 만류에도 불구하고 삽 하나를 들고 땅굴 속으로 들어갔다. 그렇게 20여 년간 아버지의 슬픈 역사를 위로하듯이, 아들은 땅굴을 혼자 힘으로 복구해냈다.
그 긴 거리를 한 사람의 손으로만 복원해냈다는 게 놀라지 않을 수 없었다. 과연 한 사람이 이뤄낸 일이 맞는지 의문이 들 만큼 정교했다. 나도 모르게 눈물이 나는 건 어쩔 수 없었다. 오늘날 우리는 그의 피땀 어린

노력으로 평화 박물관을 만날 수 있게 된 것이다. 감사하고 미안할 따름이다. 서늘한 땅굴의 관람로를 모두 돌아나오자, 입구에서 박물관장님을 만날 수 있었다.

- 관장님, 관람 잘 했습니다. 감동적이었습니다. 깊은 감명을 받았습니다.

관장님은 쑥스러운 듯이 고개를 돌리며 감사하다고 조그맣게 대답했다. 그런 겸손함에 나는 다시 미안해졌다. 평화 박물관을 나오는데 안내 방송이 들렸다.

- 우리의 선조들이 이 땅을 지키기 위해 싸우고 목숨을 바쳤던 것에 늘 감사하는 마음을 가집시다.

국가를 위해 싸웠다는 누군가와 그들의 청춘에 대해 나는 단 한 번이라도 마음으로 감사했던 적이 있었던가. 진심이 울렸다.

◎ **제주 전쟁역사 평화 박물관이 궁금하다면?**
제주 가마오름은 우리나라 사람들이 일본군에 강제로 끌려와 인력으로 만들어진 제주도의 지하요새 중 최대규모다. 그 길이는 무려 2,000미터가 넘으며, 총 3층 구조 미로 형태로 구축되어 있다. 태평양전쟁 막바지에는 일본군 제58군사령부 소속 111사단이 주둔했던 군사적 요충지로, 대한민국 근대문화유산 등록문화재 제308호로 지정된 유적지이다. 전쟁역사 평화 박물관은 이 가마오름의 기슭에 자리하고 있으며, 태평양전쟁관, 한국전쟁 6.25관, 해외참전관으로 나뉘어져 있다.

- **관람시간** 오전 8시 30분~오후 6시(동절기)
  오전 8시 30분~오후 7시(하절기)
- **관람요금** 6,000원(일반), 4,000원(노인, 청소년, 어린이, 군경)
- **홈페이지** www.peacemuseum.co.kr
- **연락처** 064-772-2500

땅굴로 들어가는 입구

땅굴 내부 모습

Episode 11

당신도 육지에서 왔소?

제주 이민 동지

만약에 내가 제주에서 살아보기로 결정했을 때, 제주 시내에 있는 아파트나 원룸을 얻었다면 나는 지금 제주를 어떻게 기억하고 있을까? 아마 도시에서의 삶과 별반 다르지 않았을 것이다. 내가 한 달째 머물고 있는 저지리라는 마을은 제주도에서 평생을 살아온 융통성 없는 노인들이 태반인 중산간 촌마을이다. '섬(島)'과 '촌(村)'의 삶이 공존하는 마을. 그래서 '이국적'이라는 단어를 날마다 몸으로 겪을 수 있는 곳이다.

그런 전통이 있는 제주 마을에서 그럭저럭 적응하면서부터 나에게 염력 같은 게 생겼다. 바로 거리나 상점 등에서 나누는 짧은 눈인사에도 육지에서 온 사람들을 알아 맞히는 능력이라고 할까? 혹시나 해서 "육지에서 오셨어요?"라고 물으면 백발백중! "아니요"라고 답한 사람은 단 한 명도 없었다. 믿거나 말거나!

뭍에서 와 섬에 터를 잡은 젊은 사람들. 나와 같은 동지들을 만났는데, 눈인사만으로 끝낼 수 없었다. 그래서 나를 간단히 소개하고 그들에게 되물었다.

- 어떻게 제주에 오셨어요?

짧은 질문에 긴 답변이 돌아온다. 금세 소설 같은 이야기들이 줄줄 쏟아진다. 자, 그럼 이쯤에서 동병상련으로 서로를 격려했던 우리들의 사연을 정리해본다.

1. 옷가게 민들레

한림읍에는 카페가 딱 하나다. 도시에서는 끼니마다 커피를 마셨던 나는 이곳에서만은 카페를 그리 찾지 않으려고 했다. 글을 열심히 썼다거나, 스스로 칭찬해줄 만한 일을 했을 때, 혹은 지치고 힘들어 스스로를 위로해줘야 할 때만 그곳을 찾았다. 그래서 한 달에 서너 번 정도 갈까 말까 했다. 그렇게 아끼고 아껴서 아메리카노 한 잔을 마시던 내게 서울에서 내려온 친구가 물었다.

- 뭍이 그리워?

내가 서울에서 얼마나 커피중독자였는지 잘 아는 친구였다. 그랬던 내가 이곳에서 며칠씩 커피를 입에 대지 않는다는 것이 무척 가상했던 모양이다. 친구는 선뜻 아메리카노 한 잔을 멋있게 사주었다. 그 커피, 참 쓰고 맛있었다!

그렇게 커피 한 잔을 신나게 마시고 카페를
나서는데, 어딘가에서 나를 잡아끄는 간판이
있었다. 민들레.

가게 이름만으로는 밥집인지, 찻집인지, 건강식품점인지 알 수가 없었
다. 가까이 다가가 보니, 티셔츠들이 진열되어 있다. 9천 원짜리 리본
이 달린 흰색 티셔츠를 하나 들고 쓰윽 상점 안으로 들어섰다. 똘망똘
망한 큰 눈을 가진 젊은 여성과 나이가 지긋해보이는 중년여성이 옷을
팔고 있었다. 판매되는 의류들이 뭍에서 온 것 같은 느낌을 주었다.

　- 혹시 육지에서 오셨어요?

내 질문으로 그녀들의 이야기는 시작됐다. 요약하면 이렇다. 젊은 여
성은 몸이 아파서 요양 차 1년 전에 내려왔고, 중년여성은 그녀의 이
모였다. 조카와 함께 살면서 양장점이나 할까 싶어 내려왔단다.

　- 그런데 왜 제주로 오셨어요?
　- 20년 전에 엄마가 제주에 놀러왔다가 협재의 아름다움에 반해 그
　　때부터 협재에서 살고 계시거든요.

들을수록 소설 같은 이야기였지만, 더 이상은 묻지 않았다. 어디가 아
픈지, 결혼은 했는지 등. 다만, "저도 육지 것이에요!"라며 나의 정체

를 밝힌 뒤, 들고 있던 옷들만 계산하고 나왔다.

2. 돈가스 전문점, 데미안.

제주도에는 내가 사는 동네만큼 정감이 가는 동네들이 많다. 배드민턴 동호회가 있는 '청수리'도 그렇고, '조수리'라는 마을도 그러하다. 처음 제주도에 도착한 날, 4월의 조수리에는 벚꽃들이 아직 지지 않고 나를 반겨주는 듯했다. 가녀린 소녀의 팔뚝처럼 가느다란 가지에 몇 송이씩 남아 피어 있었다. 제주 바람에 살랑 살랑 떨어지는 벚꽃들이 가슴을 설레게 했다. 조수리의 정갈한 돌담길과 어우러진 벚꽃에 취해 길을 쭉 따라 가다보면 '신창리'라는 마을이 나온다. 항구를 중심으로 오밀조밀하게 집들이 몰려 있는 모습이 정말 다정해보였다. 왠지 타지 사람들도 반겨줄 것 같은 느낌어서, 신창리라면 아무나 와서도 잘 살겠다는 생각이 들었다.

다시 조수리로 돌아가자. 조수리는 저지리로 가는 길목에 있는 작은 마을이다. 상점이라고는 농협 하나, 카센터 하나, 방앗간 하나가 전부인 듯하다. 이곳에서 나는 전혀 상상도 못했던 간판을 보았다. 손으로 직접 만든 간판, '돈까스 전문 레스카페.'
시내도 아니고 읍내도 아닌 작은 마을에서 돼지고기를 다져 튀겨낸다 굽쇼? 그래! 내가 너를 알아봤으니 언젠가 꼭 먹어주고 말 테다.
결심을 실천하는 데는 오랜 시간이 걸리지 않았다. 며칠 후 토요일. 점심시간에 맞춰 특별하게 외식을 하기로 했다. 바로 그 돈가스 집에서! 주말이었지만, 테이블 하나가 마침 남아 있었다.

- 어서 오세요.

반가운 인사를 건네는 남자와 주방에서 깔끔한 옷차림으로 요리하는 여자. 둘은 결혼 3년차 부부였지만, 제주 살이는 8개월 된 새내기였다.

가게 문을 연 지도 이제 한 달. 가게 안에는 손으로 만든 듯한 책장에 책들이 가득했다. 나는 서재를 통해 그 사람의 관심 사항이나 삶을 추측하는 버릇이 있는데, 이곳에는 성공, 돈 버는 법, 자기 개발 관련 책들과 알랭드 보통과 애드가 포우가 쓴 책들이 많았다. 나와 비슷한 세대, 나와 다르지 않은 고민들을 안고 사는 사람이란 생각이 들었다. 나에 대해 간단히 소개하고 그들의 사연을 물었다. 어느덧 마음을 열고, 내 곁에 앉아주는 그들의 배려가 고맙게 느껴졌다.

- 5년 가까이 연애하고 서울 구로에서 살림을 차렸어요. 저는 프로그래머였고, 아내는 혼자 돈가스 가게를 운영했어요. 여자 혼자서 가게를 운영하는 게 쉽지 않을 텐데, 별 투정 없이 열심히 일했어요. 고마웠죠. 그런데 한 2년 정도 살았을까요? '이렇게 사는 게 맞는 걸까'라는 근원적인 질문이 자꾸 들더라고요. 누가 먼저랄 것도 없이 서울을 탈출하자는 생각을 했죠.

귀농은 못하더라도 귀촌이라도 해보자며 삶의 쳇바퀴에 제동을 건 부부는 남자의 어머니가 사는 강원도 원주부터 시작해서 본격적으로 귀촌할 동네를 물색하기 시작했다. 인제와 양양을 거쳐 정선으로 강원도 일대를 돌아본 뒤에, 남쪽으로 급우회하여 청주와 제천까지 내려갔을 때였다. 문득 '제주'가 떠올랐단다.

- 그날부터 제주 부동산을 검색했죠. 밤낮 가리지 않고 열심히 찾으니, 두 발로 직접 찾아다니면서 생생한 현지 정보를 알려주는 부동산카페를 알게 됐어요. 다시 또 그 사이트를 밤낮으로 샅샅이 훑어보다가 지금 이곳을 발견한 거예요.

'제주도 한림읍 조수리. 200평에 6천만 원'이라는 글귀와 몇 장의 사진. 그들의 인생은 이렇게 생각도 못한 지점에서 변화를 맞았다. 지난 여름, 서울 생활을 모두 정리하고 아무 연고지도 없는 제주 중산간 마을에서 장기주, 김현정 부부의 새로운 삶이 시작된 것이다.
남편은 구입한 농가주택에서 아내가 잠잘 곳만 미리 손을 보고, 이내 목조 주택 학교에 입학했다. 취미 삼아 기타를 만드는 등 손재주가 있었던 남자였다. 5주간의 교육을 마치고 돌아온 그는 본격적으로 농가주택을 개조하기 시작했다. 우선, '지붕개량지원사업'에 문의해 '슬레이트 지붕 해체 신청'을 했다. 운 좋게 지원자에 선정되어 늦은 가을, 공공기관으로부터 지원금을 받아 지붕 수리부터 시작했다. 주택 학교에서 배운 지식과 손재주, 목공 감각 등을 총동원해서 5개월이 넘도록 집수리를 했다. 그리고 드디어 지난 3월에 가게를 열었다.

- 제주 생활은 마음에 드세요?

부부의 얼굴을 보면서 이런 질문은 던지는 나는 얼마나 어리석은가. 제주에서 보낸 시간을 이야기하는 내내 그들은 웃고 있었다.

- 불만 없어요.
- 서울에서도 7년이나 돈가스 가게를 했어요. 그런데 이곳은 그때와 확실히 달라요. 여유가 있거든요. 그때는 장사만 했지, 손님을 진심으로 대한 적이 없었던 것 같아요. 지금은 한 분 한 분에게 진심을 다할 수 있어서 좋아요.

그녀의 표정엔 넉넉한 인심이 있었다. 돈가스를 다 먹으니, 후식으로 로즈마리 허브차를 내왔다. 그녀는 선인장 꿀을 밀어주며 찬찬히 설명을 덧붙였다. 조용한 걸 좋아하는 나는 그녀가 조금 더 수다스러워도 귀여울 것 같았다.

- 다시 육지로 가고 싶지는 않으세요?

나의 질문에 남편은 답하지 않았다.

- 남북통일이 되면 평양 가서 돈가스 장사할 거예요. 거기 아니면 안 가려고요.

아내의 대답에 우리는 깔깔 웃었다.

3. 그리고 또 사람들

집 앞 찻길을 건너면 잔디가 잘 정리된 집이 있다. 어느 날, 집으로 돌아가는 길에 튼튼하고 멋스럽게 보이는 그 집 대문이 눈길을 끌었다.

- 이런 촌에는 대문이 필요 없어.

우리 동네 할머니들의 조언과 너무나 다르게, 그 집의 대문은 유난히 단단해보였다. 집 앞뜰에서 무언가를 태우고 계신 아저씨의 뒤통수에 대고 인사를 했다.

- 안녕하세요!

갑자기 들리는 인사에 고개를 돌린 아저씨는 어색하게 미소를 건넸다. 언뜻 관광객같이 보이는 나의 인사가 어쩌면 무례하게 느껴졌을 수도 있겠다. 나는 금세 말을 보탰다.

- 저 앞집 사는 사람이에요.
 좀 들어가도 돼요? 그냥 정원이 참 예뻐서요. 구경 좀······.

동네 주민이라고 정체를 밝히니, 아저씨가 벌떡 일어나 대문을 열어주셨다. 어색하게 두어 걸음을 걸어 들어가 인사를 한 번 더 했다. 이사 온 사람으로서 간단한 자기 소개는 필수다. 젊은 사람이 이곳에서 산다는 게 믿기지 않으신지 먼저 나이부터 물어보았다.

- 그런데 나이가 어떻게 되세요?

대답을 우물거리다가 나는 다른 답을 내놓았다.

제주 이민 동지

- 저는 작가예요. 이사 온 지는 한 달 조금 넘었어요. 동네가 좋아서, 그냥 눌러 살까 고민 중이에요.
- 우리는 여기 온 지 1년 좀 넘었어요.

아저씨는 농사를 짓지는 않지만, 집에서 할 수 있는 일을 한다고 했다. 저지리로 귀촌한 지 1년 반이 지났지만, 아직 동네 사람들과 친하게 지내는 편은 아니라고 했다.

- 채소는 좀 키워 먹어요? 상추 좀 줄까?

정원 한 귀퉁이에서 텃밭을 손보고 계시던 아주머니가 뭐라도 주고 싶은 눈치다. 나는 '상추'라는 소리에 두 손을 들어 흔들어 보였다.

- 이사 오자마자 심은 상추가 어찌나 많이 자라는지, 우리 집 상추도 다 못 먹고 있어요.
- 그럼 호박 줄까요?

한 귀퉁이에 뽑아 놓은 호박 모종을 한 줌 꺼내 주셨다. 고마워서 두 손으로 넙죽 받았다.

- 잘 심어 먹을게요. 고맙습니다.

집에 돌아와 텃밭 한 귀퉁이에 낮에 얻은 호박 모종을 정성껏 심었다. 텃밭이 더욱 풍성해진 모습에 마음이 든든해졌다.

제주도에는 각자의 사연을 가지고 찾아온 육지 사람들이 꽤 많다. 새로운 삶을 시작하는 그들에게 작은 응원의 박수를 보낸다. 그리고 그들이 도시에서 갖고 온 설렘과 환상, 그리고 꿈은 각자의 가슴에 담아두기로 한다.

Tip.
제주생활의 극과 극을 알려주마!

◎ **너희가 삼다도(三多島)를 알아?**

제주에서 살아보기 전까지 제주에 많은 것은 바람, 돌, 그리고 여자라고 생각했다. 제주에 와서 처음 며칠 동안은 날마다 그것을 느끼며 살았다.

아, 바람 많이 분다!
와, 돌이 진짜 많네!
엥? 여자가 어딨어? 그런데 할머니들은 많아~!

그러나 감히 나는 '삼다도'를 다시 정의내리고자 한다. 어떻게? 바로 비와 습기와 벌레가 많은 섬이라고.
첫째, 비가 많이 온다! 내가 머물렀던 4~5월의 제주 날씨를 보면, 햇볕이 쨍한 날은 일주일에 하루나 이틀뿐이었다. 날은 계속 흐리고 비가 왔다.
둘째, 습기가 엄청나다! 제주도의 습기는 육지 사람들의 상상을 넘어선다. 제주에서 평생을 살아온 할머니들은 장마가 시작되면 방이 습기 때문에 눅눅해지니, 창문을 열어 두고 자면 된다고 말씀하셨다. 그러나 육지 사람들에게 습기는 적응하기가 쉽지 않은 과제다. 습기와 전쟁을 치른다고 할 정도로 처절하기까지 하다. 제주도가 제습기 판매율 전국 1위

돌담에서 자주 볼 수 있는
빈 뱀알 껍질

라고 한다. 때문에, 주택을 리모델링할 때도 벽지에 곰팡이가 피는 것을 막기 위해 플라스틱으로 벽을 두르는 것은 필수라고 한다.
셋째, 벌레가 무진장 많다! 도저히 적응할 수 없는 문제였지만, 받아들여야 했다. 상상만으로도 괴로운 것은 바닥을 기어 다니는 벌레들이다. 어떻게 저렇게 큰 몸으로 집 안에 들어왔는지 정말 미스터리다. 게다가 뱀도 꽤 많이 보았다. 돌담이나 뜰에서 뱀알을 자주 볼 수 있었다. 조금 재미난 것은, 보통 똬리를 틀고 매섭게 사람을 경계하는 뱀이 아니라 축 늘어진 채로 스멀스멀 기어 다니는 뱀이라는 것. 그래도 뱀을 만나면 나는 무조건 "으악~엄마야!!!"라는 외마디 비명뿐이다.

◎ **1년에 2번, 제주도는 마법에 걸린다!**
제주 총각들이 하는 말 중에 이런 말이 있다.

육지 여자랑 결혼하려면 5월에 데려와라!

만약에 육지 여자가 제주도의 5월을 본다면, 제주 남자가 애쓰지 않아도 섬에 머물기로 작정할 만큼 제주도의 5월이 아름답다는 말이다. 실제로 남자를 따라 5월에 제주도로 놀러왔다가 결혼한 육지 여자들이 꽤 있다고 한다. 그만큼 제주도의 5월은 매혹적이다.

무엇이 그렇게 제주도를 사랑하게 만드는 걸까? 바로 '밀감꽃 향기'다. 그 향기는 나에게도 마찬가지였다. 아카시아 꽃향기보다 달콤하고 진한 밀감꽃 향기에 취해 나는 매일 밤낮으로 돌아다녔다. 사실 나도 제주에 한 달만 살기로 했었다. 그러나 이렇게 두 달째 머물러 있지 않은가. 그러니 나 또한 사랑에 빠질 수밖에 없었던 진한 귤꽃 향기를 당신도 직접 맡아보길 바란다. 다만, 그 향기가 2주 만의 황홀경이었지만 말이다.

제주도의 아름다움은 10월에 또 한 번 절정에 다다른다. 초록빛 귤밭에 주렁주렁 달려 있는 주홍빛 밀감들의 향연! 이 시기에 수확하는 귤을 금귤이라고 부르는데, 그 맛과 향이 대단하다고 한다.

그렇다면 나머지 10달 동안의 제주도는 어떨까? 앞서 말한 대로, 거센 바람이 슝슝 소리를 내며 귀를 때리고, 습기로 인해 벽은 온통 곰팡이로 물들고, 비는 또 얼마나 자주 오는지. 만약에 당신이 제주 이민을 계획한다면, 이러한 현실은 외면할 수도 없고 외면해서도 안 될 것이다.

그러나 그대여, 이 세상에서 당신이 온전히 만족할 만한 공간이 과연 있겠는가. 그러니 제주 생활의 현실과 이상을 적당히 버무려서, 부디 융통성 있는 제주 생활자가 되시길!

Episode 12

내가 만든 동네 산책길을 따라서

제주의 길

완연한 봄이다. 곧 여름이 다가올 것마냥 햇볕은 나날이 뜨거워지고 있다. 며칠 전에 심은 상추가 따뜻한 햇볕을 받으며 너무나 전투적으로 성장하고 있다.

처음 제주도에 도착한 날, 4월이지만 아직 추위가 집 주변을 둘러싸고 있었다. 나는 기름보일러를 틀고, 전기장판을 켜고, 점퍼까지 꺼내 입고, 이불 속에 몸을 웅크렸지만 그래도 추위는 사그라지지 않았다. 제주도에서의 첫날 밤, 나는 무릎을 가슴까지 잡아당겨 웅크린 채로 겨우 잠을 청했다.

그런데 어느덧 봄이 지나가고 있다. 해 뜨는 시간은 조금씩 빨라지고, 찬 기운은 어느덧 사라졌다. 언제부턴가 파리나 모기 같은 벌레들이 거침없이 집으로 들어오기 시작했으며, 아침에 일어나 창문을 열면 온통 초록이다. 봄이 가고, 여름이 오고 있음을 나의 몸으로 이렇게 극명하게 느끼게 될 줄이야!

요즘에는 우리 집 앞을 지나가는 관광객들이 부쩍 많아졌음을 느낀다. 관광객 자동차에서 들리는 음악소리, 도보 여행길에 오른 사람들의 발자국 소리, 삼삼오오 몰려 소곤거리는 사람들의 수다들. 드디어 여행 시즌이 돌아왔다. 그렇다. 지금은 5월이 아닌가.

내가 사는 집을 설명할 때, '저지리 보건소 앞 사거리'라고 말하면 다들 쉽게 안다. 그 사거리 앞에는 몇백 년을 살았다는 고목이 있다. 고목이라는 말로 설명하니, 왠지 너무 늙은 느낌이 들어 나무에게 살짝 미안해진다. 나무는 내가 이곳에서 살 수 있도록 마음을 앉혀주었고,

끊임없이 커져가는 나의 생각들을 내려놓게 만들어주었다.

나는 나무가 만든 의자에 앉아 있는 것을 좋아한다. 나무가 만든 의자라고 하니, 의문이 들 것이다. 설명하자면 이렇다. 살아 있는 나무의 뿌리를 죽은 나무의 손질된 기둥이 덮고 있어서, 마치 의자처럼 보인다. 나는 이곳에서 매일 조금씩 시간을 보낸다. 거부감 없이 나를 반겨주는 마을 할아버지처럼 포근하기 때문이다.

나무는 나뿐만 아니라 마을 사람들에게도 아주 인기다. 나를 새댁이라 불러주는 건넛집 할아버지도 앉아 계시고, 올레길을 걷다가 길을 잃은 사람들도 앉아 쉬어간다. 이 자리에서 고개를 들면 나뭇가지 사이로 파란 하늘이 보인다. 또, 이곳은 버스 정류장이기도 하다. 버스를 기다리는 주민들은 이곳에서 버스를 기다리며, 이웃들과 소소한 이야기를 정답게 나눈다.

나는 고목에서 잠시 숨을 고르기도 했지만, 동네 산책도 자주 다녔다. 우리 동네에는 관광지도 있고 나름 볼거리도 꽤 많아서, 걷는 풍경이 지루하지 않았다. 몇 번 다니다 보니, 시간대별로 산책코스를 만들어도 좋겠다는 생각이 들었다. 그래서 서명숙 씨가 만든 올레길처럼, 나는 저지리의 올레길, 우리 동네 산책코스를 만들었다.

먼저, 30분 산책코스는 현대미술관에서 시작하는 산책길이다. 해질 무렵에 거의 매일 다녔던 길이다. 집에서 나와 왼쪽으로 쭉 내려가면 700미터 앞에 현대미술관이 있다. 현대미술관은 입장료 2천 원을 받고 있지만, 그 비용으로 전시도 관람할 수 있고, 건물 뒤편으로 이어지

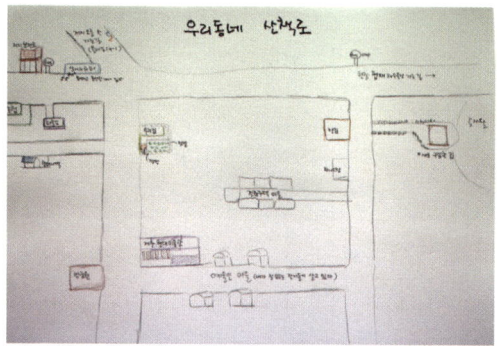

는 예술인마을도 구경할 수 있다. 마치 화보집에서나 볼 수 있을 것 같은 그림 같은 집들이 아름답게 펼쳐져 있다. 건축물과 자연이 조화를 이룬 풍경을 구경하고, 저지리 테니스장의 간판이 보이는 방향으로 나온다. 저지리 테니스장에서 다시 왼쪽으로 걸어 올라가면 '미애수다뜰(집 주인장의 이름이 미애라고 한다)'이라는 빵집이 나온다. 감귤이나 천혜향 등을 넣어서 만든 빵이 특산품일 만큼 맛있다고 한다. 물론 나는 빵을 먹는 것보다 빵집을 구경하는 것으로 만족하는 경우가 많다. 그것만으로 충분히 기분이 좋아지니까.

1시간 산책코스는 저지오름을 오르는 길이다. 아침에 자주 가던 코스였다. 사거리 슈퍼 앞에서 가게를 지키는 못생긴 개들과 아침부터 눈싸움 한판을 벌이고, 급격히 떨어진 체력은 근처 금귤밭에서 금귤꽃 향기를 맡으며 재충전한다. 다시 힘을 내어 낮고 긴 동네 길을 따라 오름에 오르면, 오름 정상은 탁 트인 자연풍경을 보여준다. 그리고 다시 집으로 돌아오면, 아침 코스로 제격이다.

운동을 30분 이상 해야 다이어트에 효과가 있다고 한다. 그런데 그것은 몸에만 해당되는 게 아닌 듯하다. 30분 이상 운동을 해야 지방이 타듯이, 30분 이상 걷다보면 부정적인 생각들도 태울 수 있었다. 제주 자연이 주는 아름다운 경관 덕분일 것이다. 거대한 산 앞에서 혹은 숭고한 풍경 앞에서 내 고민들이 얼마나 빈약한 것인지 깨닫는 것은 자연스러운 일이었다.

해가 지면 달이 뜨고, 달이 지면 해가 뜨는 자연의 순환, 봄이 가면 여름이 오고, 여름이 가면 가을이 오고, 가을이 오면 겨울이 되는 사계절의 순환! 산책길에서 자주 만나는 공중을 나는 산새와 이름 모를 들꽃들. 그들을 돌보고 있는 신의 숭고한 손은 나의 한계를 인정하게 하는 데 큰 힘이 됐다. 나 또한 하나의 우주라는 자존적 가치까지 발견할 수 있었다.

도시 사람들이 한 번쯤은 꼭 자연을 벗삼아 걸어보았으면 한다. 그리고 만약 그러한 경험에도 자연이 주는 메시지에 동요되지 않는다면, 가슴의 빗장을 이제는 걷어야 되지 않겠느냐고 조심스럽게 이야기하고 싶다. 나는 우리가 햇빛과 비, 건강한 바람 속에서 이미 감동하고

아침코스 - 저지오름 오르는 길(1시간)

① 집앞 길
② 슈퍼 앞 사거리
③ 감귤밭
④ 올레길 표지판
⑤ 저지오름 둘레길
⑥ 저지오름 정상

저녁 코스 - 현대미술관 산책길(30분)

❶ 현대미술관
❷ 현대미술관 뒷길
❸ 저지 예술인 마을
❹ 저지 예술인 마을 간판
❺ 저지리 테니스장 가는 길
❻ 미애수다뜰 전경
❼ 미애수다뜰 내부 모습

감격할 수 있는 존재라고 말해주고 싶다.

사람은 미숙하고 불완전한 존재라고 말한다. 그러나 나야말로 미숙한 사람의 대표라고 고백하고자 한다. 육체의 미숙함은 말할 것도 없고, 정신과 감정까지 모두 미숙할 때가 많다. 특히, 인간관계에서 더욱 그렇다. 그러나 언제나 불완전한 나의 모습을 인정하기 싫어, 그 숱한 관계 앞에서 무너져 왔다.

때문에 나는 끊임없이 생각에 생각을 거듭해야 했다. 신중해야 한다는 중압감에 골똘히 생각을 하다보면, 사고를 일으키거나 불필요한 오해를 받기가 십상이다.

한번은 운전을 하다가 생각에 너무 깊게 빠진 적이 있다. 정신을 차리고보니, 어느덧 서울을 나와 인천공항 고속도로를 달리고 있었다. 전철을 타고 가다가 역을 지나치는 것은 일상다반사고, 지갑을 두고 출근해서 하루 종일 차 한 잔도 먹지 못한 일이 부지기수다.

그런 나에게 제주도는 마음껏 생각해도 괜찮은 공간과 시간을 주었다. 꼭 지켜야 하는 약속도 없고, 꼭 해결해야 하는 일도 없다. 운전을 하지 않아도 되고, 버스를 타지 않아도 된다. 단지 두 발을 움직이는 일 밖에는. 그것이 나를 얼마나 자유롭게 하는가! 원하는 만큼 생각하고, 원하는 만큼 걸을 수 있는 자유에 감사할 뿐이다.

제주도 교통수단

◎ 제주에서 자동차 없이 살 수 있을까? 여건이 허락되지 않는다면 다른 방법을 생각해보는 것은 당연한 일. 제주에서 자동차를 구입하지 않는다면, 어떤 교통수단을 이용해야 할까?

첫째. 택시 이용하기!
먼저 말해두겠다. 택시비는 정말 비싸다. 제주 시내에서 시내로 이동한다면, 지나가는 택시를 붙잡아 탈 수 있다. 그러나 그게 아니라면 무조건 콜택시를 타야 한다. 만약 공항에서 저지리까지 택시로 이동한다고 생각해보자. 약 30킬로미터 정도 거리고, 시간으로 따지면 30분 정도 걸린다. 그러나 시간만으로 택시비를 계산하면 곤란하다. 공항에서 저지리까지는 서울에서 천안까지 택시를 타는 것과 비슷하다고 생각하면 된다. 그러니 택시는 너무 비싼 교통수단이다.

둘째. 버스 이용하기!
제주도에는 전철이 없다. 대중교통은 오직 버스뿐이다. 반갑게도, 제주도에도 환승제도가 있어 갈아탈 경우 할인을 받을 수 있다. 물론, 여행객들에게는 큰 도움이 되지 않을 것이다. 참고로, 어떤 버스를 어디에서 타야 할지 알고 싶다면 '제주특별자치도 버스정보시스템 홈페이지'를 활용하자. 요즘은 스마트폰을 다들 이용하니, 쉽게 검색할 수 있을 것이다. 만약에 제주 공항에서 12개 주요 시·읍·면으로 가고 싶다면, 시외버스를 탄 후에, 각 지역을 순환하는 시내버스로 환승하면 된다. 시내버스는 도시와 별반 다르지 않다.

셋째, 오토바이 이용하기!
최근에 배기량이 적은 오토바이를 렌트하는 경우가 많다고 한다. 참고삼아 말씀드리자면, 오토바이 렌트 비용이 자동차를 렌트하는 것보다 더 비싸다는 사실! 그리고 제주도엔 비가 많이, 자주 내린다는 사실도 잊지 마시길.

291

Episode 13

제주에서
아예 살 거예요?

집 사기

좋은 집이 있는데, 생각 있으면 소개해줄까요?

이 모든 순간을 지속하고 싶어…….
잠깐이 아니었으면 좋겠어…….

제주 생활이 익숙해지면서 도시에서 가졌던 욕심의 패턴을 가지고 오기 시작했다. 그것은 '소유'와 밀접한 관계가 있다. 순간에 감사하고 감동하는 것이 자꾸만 아쉽게 느껴졌다.
오랫동안 완전하게 소유하고 싶다는 욕심에 말려들면서 나는 언제부턴가 최면에 걸린 것처럼 집을 찾기 시작했다. 먼저 집 앞에 있는 부동산에 무턱대고 들어가서 무조건 들이대기부터 했다.

- 이 동네 땅값이 얼만지나 알고 다녀요? 게다가 돈이 있다고 살 수도 없어요. 매물이 없어. 집이 없다니까!

안경을 쓴 새침한 주인 아저씨가 나를 대놓고 무시했다. 사소한 상심에 젖은 나는 스마트폰을 꺼내들었다. 4G LTE에 의존해 '제주 집 구하기'를 검색했다. 결국 제주도에 와서까지도 인터넷 검색이란 말인가! 두 손으로 볼을 감싼 채, 나는 길가에 주저앉아 버렸다.
인터넷에 올라와 있는 매물들은 신뢰하기가 어렵고, 구체적인 정보도 부족했다. 그래도 끈질기게 검색해서 괜찮은 매물을 찾았다 싶어 혹해서 가보면 생활 여건이나 주변 환경에 실망하는 경우가 많았다. 역시 직접 보고 결정해야 한다고 생각했다. 그런 까닭에 나는 제주도에서 살겠다고 작정했으니, 두 발로 뛰어다니며 집을 구해보자고 다짐했다.

읍내나 시내로 가자!

한림읍내 부동산을 지나, 신창리로 갔다. 마음을 단단히 먹고 문을 두드렸다. 그러나 묵묵부답! 안 되겠다 싶어 더 크게 마음을 먹고, 내친 김에 서귀포 시내까지 달렸다. 그러나 그곳에서 들은 이야기도 별반 다르지 않은 것들이었다.

제주에서 부동산은 사실상 내부 사람들이 운영하는 곳이라, 부동산 중개라고 할 수가 없었다. 제주에는 아는 사람이 아는 사람을 통해 아는 사람에게만 판매한다는 오랜 전통이 있다. 그것을 조금 뛰어넘은 것이 '오일장'이나 '교차로'와 같은 무가지 정보다. 그러나 여기에는 농가주택에 대한 정보는 별로 없다. 대부분이 시내나 주거 밀집 지역의 연립주택이나 빌라 관련 소식이다.

물론, 최근 들어 하나씩 전문 부동산이 생겨나고 있다. 그러나 대부분 외지에서 온 사람들이 운영하고, 손님들도 펜션 부지를 구입하는 경우가 많다. 주요 거래 대상도 집보다 땅이고, 거래되는 땅도 400~600여 평 정도로 엄두내기가 어려운 규모였다.

이러한 제주 부동산 현황은 어찌 보면 당연한 일이기도 하다. 젊은 사람들은 생활이나 교육적인 부분을 해결할 수 있는 거주지를 찾을 것이다. 그러니 제주 시내의 아파트가 1순위가 될 수밖에 없고, 그 수요에 맞춰

공급 방향도 따라갈 것이다. 거기에 최근 들어 농가주택 물량도 거의 없다고 했다. 그러니 내 구미에 맞는 농가주택을 찾기란 하늘에서 별따기 수준일 수 있겠다 싶다.

- 제주에서 아예 살 거예요?

서귀포 시내에서 만났던 부동산 아저씨에게 농가주택이 있는지 묻자, 나에게 되물었다. 대답을 망설이는 나에게 질문을 몇 가지 더 던지시더니, 이내 혼자 강연을 시작했다.

- 제주가 왜 살기 좋은 곳이냐, 첫째는 공기가 좋아. 물도 좋지. 그리고 골프 치는 데 비용도 적게 들잖아. 자, 마당이 있는 집이 있다 이거야. 마당이 있는 집. 마당이 왜 좋냐하면 남자들은 마당에서 오줌도 한 번씩 싸고 그래야 된다 이거지. 그리고 텃밭에 채소도 키워 먹고 그러지. 그런데 아예 살 거면 생각을 다시 해야 해. 촌에서 살면 힘들어서 안 돼. 도시에서 살아야지. 병원도 있고 뭐 편의 시설들도 있고 그런 데. 그럼 땅을 사서 집을 지으면 어떠냐? 돈이 너무 많이 들어 안 돼. 그리고 땅도 별로 없고. 현재 평당 50이 다 넘으니까 300평만 사서 집을 짓는다고 해도 최하 3억은 든다고 봐야지. 지금 서귀포엔 그럴 만한 땅도 없어. 그럼 어떻게 해야 한다? 시내에 있는 깔끔한 집을 그냥 사라, 이게 답이다. 이런 거지.

- 그런데 땅값은 왜 자꾸 오르는 거예요?
- 나도 잘 모르겠어. 누가 사서 뭐에 쓰려는지 그걸 모르겠단 말이지. 사실 2년 전까지만 해도 평당 5만 원에서 10만 원 하던 땅이었는데 말이야. 1년하고…… 반 년이 더 됐나? 갑자기 오르기 시작하더니 지금은 평당 70만 원을 넘어섰어. 그러니까 제주도에 집을 사겠다는 생각이라면 다시 잘 고려해봐야해. 다시 생각해봐야지.

아저씨는 자신이 저지리에서 태어났으며, 지금도 그곳에 농장이 있다고 했다. 내가 저지리에서 왔기 때문에 특별하게 관심을 주는 거라고 했지만, 그 외에 다른 정보는 주지 않았다.
몇몇 부동산에서 부정적인 이야기를 연속적으로 들은 뒤, 나는 부동산의 도움은 포기하기로 했다. 그리고 동네 주민들에게 집을 구한다는 정보를 조금씩 흘렸다. 그리고 며칠 지나지 않아 '고급 정보'를 입수하게 됐다. 우리 마을 저지리 파출소 소장님의 부인으로부터 말이다.

- 좋은 집이 있는데 생각 있다면 소개해줄까요?

지금 사는 집에서 그리 멀지 않은, 곶자왈이 바로 앞에 펼쳐진 곳이었다. 왠지 오래전부터 꿈꿔왔던 나의 집을 드디어 찾은 것 같은 느낌이 들었다. 하지만 아직 삶의 울타리를 도시에 두고 있는 나는 아직까지 어떤 결정을 해야 할지 답을 내리지 못하고 있다.

**농가주택을 구입할 때
이것만은 놓치지 말자!**

1. 집 앞에 보이는 번지를 메모해두자.
제주도에 집을 사겠다는 마음이라면, 집 앞에 적혀 있는 번지를 메모해서 직접 확인해봐야 한다. 길주소만 알면 면사무소나 주민센터 등에서 지번을 확인할 수 있고, 번지수를 알면 등기부등본과 토지대장, 지적도 등을 확인할 수 있다. 또한, 건물과 땅이 같은 소유주인지 각각 다른지, 소유주가 맞는지 등을 꼼꼼히 확인하고, 집과 땅모양이 자신이 확인한 것과 같은지도 필히 체크해야 한다.

2. 지적도 상에 묘지가 있는지 확인하자.
제주에서는 집 앞에 묘지를 두고 있는 집들이 꽤 많은데, 이것이 분쟁의 소지가 되는 경우도 많다. 땅을 구입했다고 해서 다른 사람의 묘를 마음대로 이장할 수는 없기 때문에. 땅을 사고도 묘지 때문에 발목이 잡히는 수도 많으니 주의해야 한다.

3. 리모델링이나 재건축 허가를 받을 수 있는지 미리 알아두자.
제주특별자치도 토지정보시스템(http://lmis.jeju.go.kr/sis/main.do)을 통해 구입할 집이 리모델링이나 재건축이 가능한지 미리 알아보아야 한다.

이때, 지목과 건축대장, 땅모양, 규제사항 등을 확인할 필요가 있다. 잘 모르겠다 싶으면 제주도청 GIS담당자에게 문의해도 된다. 내가 사려는 땅이 건축이나 구조 변경 등이 가능한 토지인지 직접 물어보면 확실하게 알 수 있다. 또, 내가 구입할 토지와 건물로의 진입로가 사용 가능한 것인지도 점검할 필요가 있다.

4. 농가주택을 구입할 때는 슬레이트 지붕인지 체크하자.

제주도의 농가주택은 아직도 슬레이트 지붕이 많다. 슬레이트 지붕을 철거하는 데만 200만 원 이상의 비용이 든다고 한다. 그러니 집을 구입할 때는 지붕 상태를 꼭 확인하는 것이 좋겠다. 다행히 슬레이트 지붕이 유해물질로 지정되면서, 정부 차원에서 철거를 유도하고 있다. 그러나 지원 범위가 그리 넓지 않다. 자세한 사항은 홈페이지 참고.

석면 지붕 관련 정보
- 환경부 홈페이지 www.me.go.kr
- 석면피해구제정보시스템 www.env-relief.or.kr

5. 난방공사는 꼭 해두자.

집을 구입했다면, 단열공사는 꼭 해두는 것이 좋다. 제주도에는 도시가스가 없기 때문에 대부분 기름보일러를 사용한다. 그러니 겨울철 난방비가 어느 정도일지 상상해보시길. 알뜰한 제주도민들은 집에 하나쯤 난로를 구비해둔다고 한다. 장작을 때우는 화목난로나 연탄난로 등을 개인 취향에 따라 미리 장만해두시길.

Epilogue

우리는 꽤 오랜 시간 '사람이 많은 곳에서 살아가는 것'과 '빨리 빨리'라는 단어에 적잖이 익숙해져 왔다. 그랬다. 태어나서 지금껏 우리가 살아가는 세상에서 배운 것은 '경쟁'이었다. 그래서 남과 비교하는 것, 저울에 달아보는 일에 '익숙하다'라는 말을 자주 쓰고 만다. 그렇게 익숙하다,라는 말을 하고 나니 조금 우울한 생각이 든다. 그래서 우리는 익숙한 것들로부터 도망치고 탈출하기를 꿈꾸고 있는지도 모른다.

이 책을 집어들고 허겁지겁 책장을 넘긴 당신이라면 사람들로 붐비는 삶의 공간을 떠나, 시야가 트인 넓은 들판이나 바다 앞에 서서 느리게 하루를 살아가고 싶은 마음이 있을 것이다. 그와 동일한 마음으로, 나는 제주에서 일종의 모험(?)을 통해 완전한 체험을 했다. 그리고 알게 됐다.

제주에서 그저 한 계절을 살았을 뿐인 내가, 또 우리가 '이민'의 꿈을 키우는 누군가에게 어떤 조언을 해줄 수 있을까. 거창한 말도 위대한 철학도 생각나는 것이 없다. 다만 해줄 수 있는 말이 있다면 이런 것이다.

'제주'로의 선택에 자연,이라는 조건이 있었다면 '이민'의 성공에는 사람,이라는 열쇠가 필요하다는 것.

제주도는 육지와 단절된 까닭에 아름다운 섬이자 빼어난 자연경관을 갖춘 세계적인 도시가 된 만큼, 불편함도 있음을 외면해서는 안 된다. 그리고 그런 단절 속에서 긴 세월을 살아온 제주 사람들은 그들만의 풍습과 문화 속에서 살아왔음을 인정해야 할 것이다. 만약 당신이 그런 곳으로 날아들어가 새로운 삶을 시작해보려고 한다면, 아름다움 속에 감춰진 불편함을 받아들여야 한다. 그리고 무엇보다 사람들과 어울리기를 두려워해서는 안 된다는 것을. 모든 면이 바다로 둘러쌓인, 풍성한 산과 숲이 있는 제주도는 당신이 마음을 연다면, 언제나 아늑히 맞아줄 것이다.
도전을 위한 용기로, 조금 길게 또 조금 오래 그곳에서 지낸 나는 아주 사소한 일상에서도 제주를 만난다. 창 밖에 바람 부딪치는 소리가 들릴 때면, 창을 열면 초록의 감귤나무가 나를 반겨줄 것 같은 그리움이 인다. 저녁 8시 시보가 울리면 배드민턴 채를 들고 집 앞 초등학교로 달려가고 싶은 마음에 가슴이 두근, 한다. 모든 것이 어렵고 불편하면서도 또 모든 것이 새롭고 재밌으며 감동이었던 그곳. 나는 오늘도 제주가 그립다.

제주를 만난 후,
지은이 정화영

| **체크리스트** · 제주 이민 진심도 |

그대, 정말 제주 이민을 꿈꾸는가?

제주 이민자들은 하나같이 철없이 로망만 가지고 내려와서도 안 되지만, 반대로 너무 깊이 생각하면 못 내려온다고도 했다. 내려와 살라는 말이야, 오지 말라는 말이야? 꿈은 가지되, 제주 살이에 대한 막연한 환상은 버리라는 말이다.

실제로 많은 사람들이 로망만 가지고 내려와서 길게는 3년, 짧게는 1년을 버티지 못하고 도시로 되돌아가는 경우가 허다하다고 한다. 그래서 준비했다. 당신은 진정 제주 이민을 꿈꾸는가? 당신도 모르는 당신의 진심을 체크해보자.

❶ **나는 왜 제주 이민을 꿈꾸는가?**
나는 단지 현실이 힘들어 도피하려는 것은 아닌가. 혹은 매스컴에 나오는 낭만적인 이미지에 매료된 건 아닌지 꿈과 환상의 경계를 명확히 하자.

❷ 제주 말고도 대한민국엔 아름다운 곳이 많다?
바다를 건넌다는 것은 돌아오는 데 제약이 있다는 점이기도 하다. 단지 자연환경 때문이라면 한 번 더 생각해보자.

❸ 나는 외로움에 강한가?
가족 없이 홀로 내려온다면, 아무래도 외로움을 더 겪게 마련이다. 자신이 외로움에 취약한 사람인지 아닌지, 진지하게 생각해볼 일이다.

❹ 제주에서 무엇으로 먹고 살 것인가?
제주 이민을 결심했다면 향후 무엇으로 생계를 유지할 것인지 생각해야 한다. 농업인가, 서비스업인가, 취직인가, 남들 따라하는 게스트 하우스나 카페는 권하고 싶지 않다. 일단 먹고 살 문제부터 명확히 짚고 가라.

❺ 나는 변화무쌍한 제주 날씨를 감당할 수 있는가?
선배 이민자들이 하나같이 하는 얘기가 제주 날씨가 만만치 않다고들 한다. 괜히 삼다도가 아니다. 일주일이면 사나흘은 비가 오고 바람 또한 끊이질 않아, 날씨에 민감한 사람은 우울한 기분에 휩싸이기 십상이다.

❻ 제주도에서도 나와 맞는 동네가 있는가?
제주 이민을 결심했다면 어느 지역에 둥지를 틀게 될지 섬을 한 바퀴 돌아보라. 습도와 바람에 민감하다면 해안가보다는 중산간이 좋다. 무작정 내려가기보다 섬을 돌면서 몸과 마음이 끌리는 곳을 찾아라.

❼ 제주 사람들에게 먼저 다가갈 마음의 준비가 되었는가?
텃세가 심하다는 말은 그만큼 마을 사람들 사이가 끈끈하다는 말도 된다.

로마에 가면 로마법을 따르라고, 제주에 가면 제주 사람으로 섞여 살아야 한다. 도시에서 왔다고 어깨에 힘을 준들 누구도 알아주지 않는다.

❽ 나는 왜 아이를 제주에서 키우려는가?
천혜의 자연이 있는 제주는 아이들에게 최고의 교육환경임에는 틀림없다. 그러나 아이들이 자라면서는 또 다른 문제다. 나는 왜 아이를 제주에서 키우려는가, 근본적인 질문을 스스로에게 던져보자.

❾ 제주에서 살 집은 어떻게 구할 것인가?
제주 시골 마을에 집을 구하려면 정화조는 있는지, 단열은 되는지 확인해야 한다. 연세든 매매든 집을 구했다면 보수를 해야 하는데 공사 기간과 비용을 체크하는 것은 필수다. 아무리 넉넉히 잡아도 기간이나 비용은 늘어나게 마련! 이민 선배들에게 미리 정보를 구하고 의논하는 것도 좋은 방법이다.

❿ 나는 제주도를 진정 사랑하는가?
꽃이 아름답다고 꺾어두는 것은 진정한 사랑이 아니듯, 제주가 아름답다고 해서 로망만으로 내려온다면 오히려 지역의 분위기를 깰 수 있다. 나의 이민이 지역에 어떤 영향을 끼칠지 생각해볼 일이다.

자, 제주 이민에 대한 당신의 속마음을 체크해보았는가? 당신이 진짜 원하는 삶은 무엇인가? 제주 이민에 대한 막연한 환상이 아니라, 제주도에서 어떠한 삶을 어떻게 꾸려갈 것인지 구체적으로 꼼꼼히 따져봄으로써, 당신이 진정 제주도에서 원하는 삶을 살아갈 수 있기를 바란다.